分県登山ガイド 42

熊本県の山

吉川 渡 著

山と溪谷社

分県登山ガイド――42

熊本県の山

目次

【登山にあたってのお願い】

熊本県の山は2016（平成28）年の熊本地震や近年の豪雨などによる被災で、登山口へいたる車道や登山道が通行止めになっている箇所があります（2023年12月現在）。登山の際は、事前に当該自治体等へ問合せをしておきましょう（自治体等によってはホームページにて現在の状況を入手することができます）。また、通行可能であったとしても予期せぬ落石・滑落等の恐れがあるため、十分に注意してください。

●本文地図主要凡例●

- 紹介するメインコース。
- 本文か脚注で紹介しているサブコース。一部、地図内でのみ紹介するコースもあります。
- Start Goal Start Goal 225m 出発点／終着点／出発点および終着点の標高数値。
- 管理人在中の山小屋もしくは宿泊施設。
- 紹介するコースのコースタイムのポイントとなる山頂。
- コースタイムのポイント。
- 管理人不在の山小屋もしくは避難小屋。

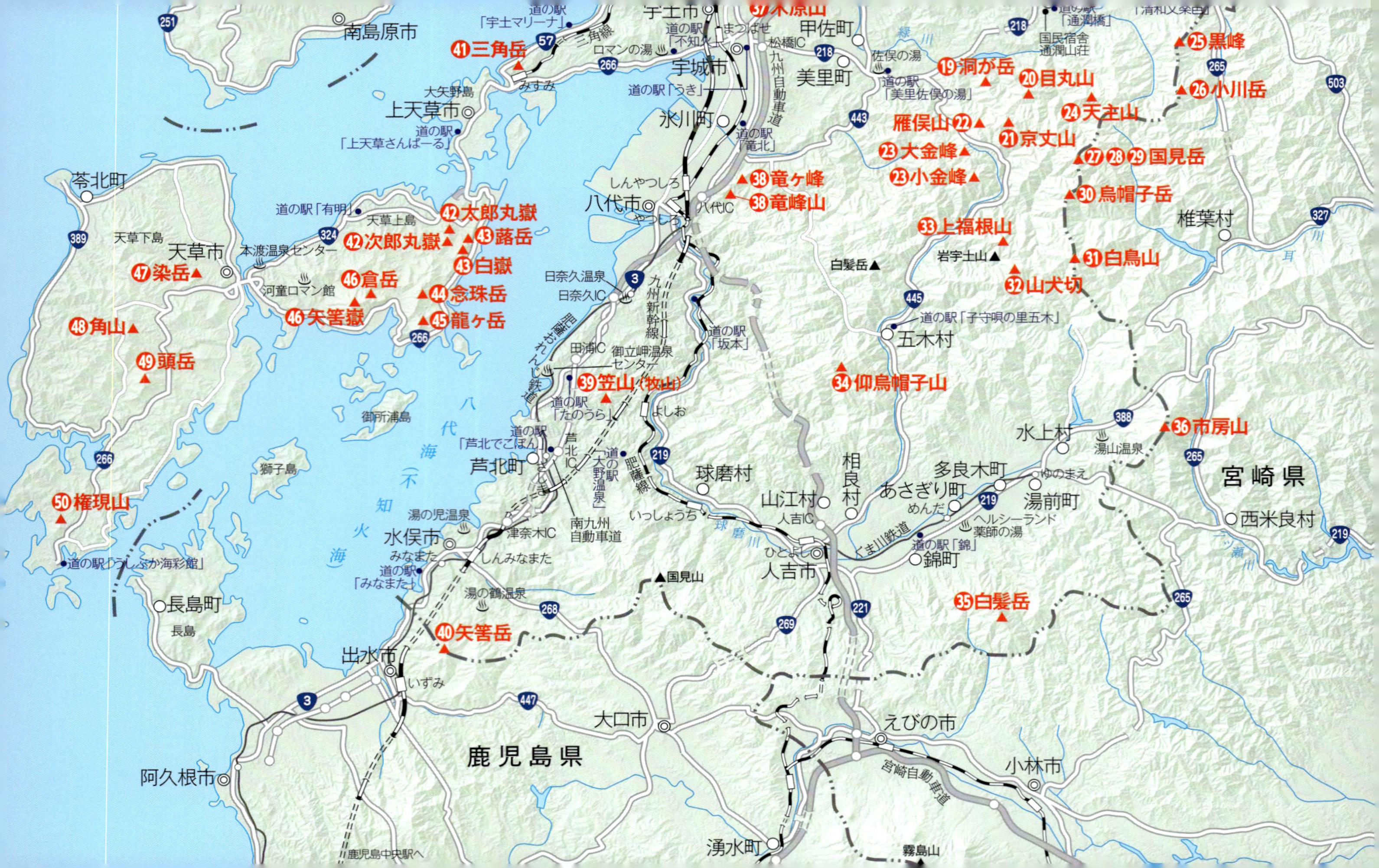

南島原市
上天草市
大矢野島
道の駅「上天草さんぱーる」
苓北町
天草下島
天草市
天草上島
本渡温泉センター
河童ロマン館
道の駅「有明」
御所浦島
獅子島
長島町
長島
道の駅「うしぶか海彩館」
阿久根市
出水市
いずみ
水俣市
みなまた
道の駅「みなまた」
湯の児温泉
湯の鶴温泉
しんみなまた
津奈木IC
芦北町
道の駅「芦北でこぽん」
芦北IC
道の駅「たのうら」
田浦IC
御立岬温泉センター
肥薩おれんじ鉄道
日奈久温泉
日奈久IC
八代市
しんやつしろ
やつしろ
八代IC
氷川町
道の駅「竜北」
宇城市
道の駅「うき」
宇土市
道の駅「宇土マリーナ」
道の駅「不知火」
まつばせ
ロマンの湯
三角線
みすみ
松橋IC
九州自動車道
甲佐町
美里町
佐俣の湯
道の駅「美里佐俣の湯」
国民宿舎 通潤山荘
道の駅「通潤橋」
緑川
九州新幹線
道の駅「坂本」
よしお
肥薩線
道の駅 大野温泉
南九州自動車道
いっしょうち
球磨川
球磨村
山江村
人吉IC
人吉市
ひとよし
相良村
あさぎり町
めんだ
多良木町
くま川鉄道
道の駅「錦」
錦町
ヘルシーランド 薬師の湯
ゆのまえ
湯前町
水上村
湯山温泉
五木村
道の駅「子守唄の里五木」
岩宇土山
白髪岳
国見山
椎葉村
宮崎県
西米良村
一ツ瀬川
耳川
えびの市
小林市
宮崎自動車道
霧島山
湧水町
大口市
鹿児島県
鹿児島中央駅へ
八代海（不知火海）
41 三角岳
42 太郎丸嶽
42 次郎丸嶽
43 蕗岳
43 白嶽
44 念珠岳
45 龍ヶ岳
46 倉岳
46 矢筈嶽
47 染岳
48 角山
49 頭岳
50 権現山
40 矢筈岳
39 笠山（牧山）
38 竜ヶ峰
38 竜峰山
37 大原山
19 洞が岳
20 目丸山
21 京丈山
22 雁俣山
23 大金峰
23 小金峰
24 天主山
25 黒峰
26 小川岳
27 28 29 国見岳
30 烏帽子岳
31 白鳥山
32 山犬切
33 上福根山
34 仰烏帽子山
35 白髪岳
36 市房山

熊本県の山 全図

▲❶高山　本書で紹介する山名とコース番号
◎○　市役所・町村役場
③　国道と国道ナンバー
高速道路・自動車専用道路
JR線
JR新幹線
私鉄線

N
1:600,000
0　15km

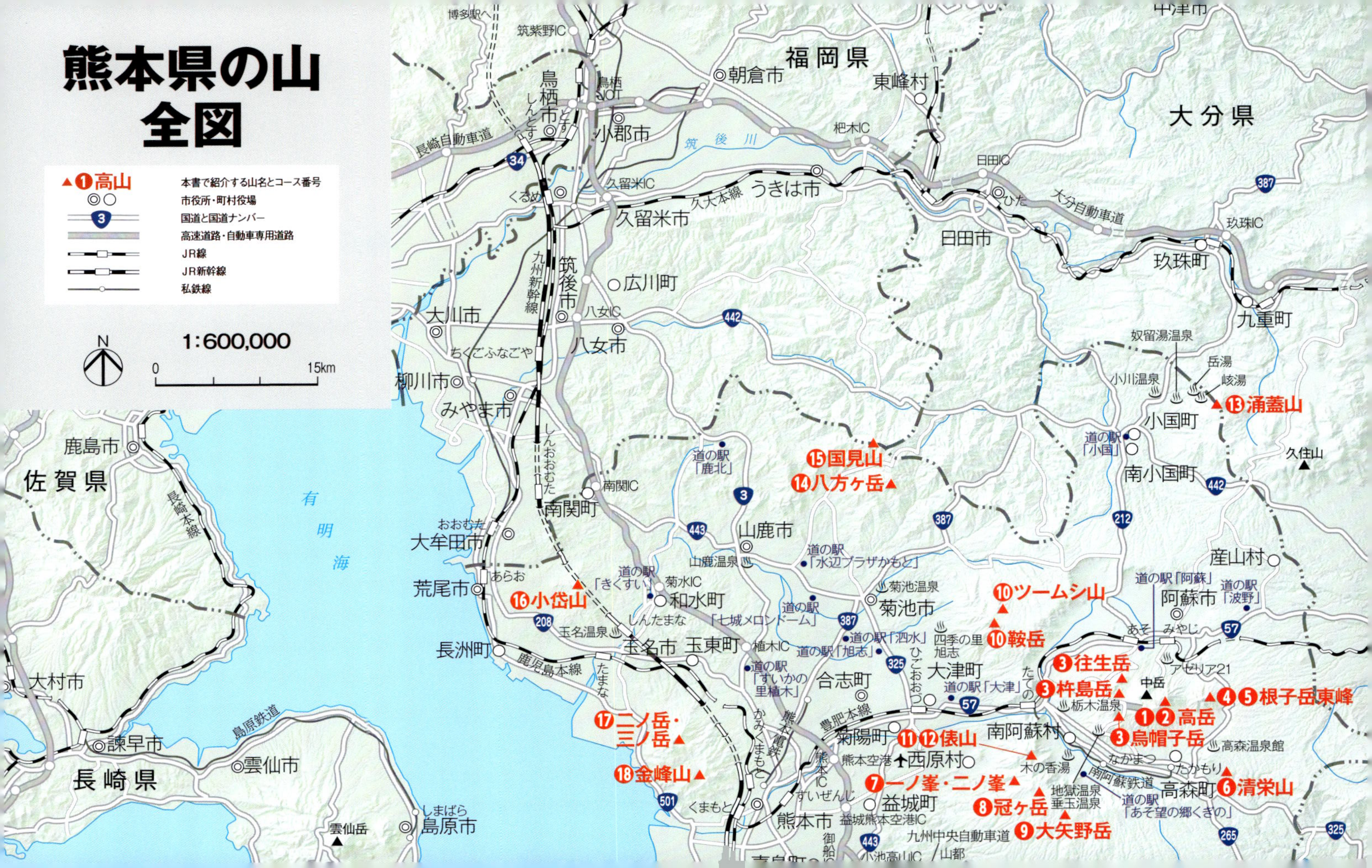

概説

熊本県の山

吉川 渡

熊本県は、熊本平野や八代《やつしろ》平野、菊鹿《きくか》盆地、人吉《ひとよし》盆地などの平地を除くと、県土の大半が山間地で占められる。そして山地の生成過程も地域によって異なり多彩である。県内には火山活動でつくられた山域が広く、火山特有の山容をした山が見られる。県土の広い範囲を占める阿蘇《あそ》火山のほかに、福岡県境の筑肥《ちくひ》山地、宇土《うと》半島、鹿児島県境の肥薩《ひさつ》火山区、八方ケ岳《やほうがたけ》や金《きん》峰山《ぼうざん》などはいずれも阿蘇より古い安山岩類の古琉 球《こりゅうきゅう》火山である。

いっぽう、阿蘇山の南にある県下最大規模の九州山地は、地殻プレートの動きで隆起した褶 曲《しゅうきょく》山地で、地層の方向は北東から南西に向いている。北部は大陸プレートと海洋プレートの軋轢によって砂岩や泥岩に石灰岩体やチャートが挟まれた秩父《ちちぶ》帯とよばれる地層からなり、断層も多い。南部の地層は四万十《しまんと》帯とよばれる砂岩や頁《けつ》岩、またその互《ご》層でできている。それらの地質構造が山域の景観や環境に影響をおよぼしている。

天草《あまくさ》諸島は白亜紀と古第三紀の海成堆積層が重なっている。天草上島《かみしま》の東部ではこの地層が緩やかに褶曲し、粗い背斜地が浸食され引き締まった向斜軸が残り、東側に懸崖を連ねる低山ながらアルペン的な風貌の山地をなす。天草下《しも》島《しま》では断層で切られた山が多い。

県内の山は古くから里山として利活用され、また牧場や採草所として管理されてきた。戦後は拡大造林計画により奥山に伐採・植林の手が入り、手つかずの山岳地帯として残される区域は限られる。

●山域の特徴

●阿蘇火山

世界屈指の規模といわれるカルデラに中央火口丘群が隆起し、カルデラ外縁から広く裾野を張り出す外輪山からなる山体を総称して阿蘇山とよぶ。中央火口丘群は噴火口がわかるものだけでも21を数える輪輳した構造だが、そのうち目立つ5つの突起（東から根子《ねこ》岳《だけ》、高岳《たかだけ》、中岳《なかだけ》、杵島岳《きしまだけ》、烏帽子《えぼし》岳《だけ》）を「阿蘇五岳《ごがく》」と称している。いずれも複数の登山ルートがあり、前3山は主に岩稜の、後2山は草付きの登山となる。中岳の第一火口はさかんに噴煙を上げ、気象庁の警報レベルによって入山規制の範囲が変化する。状況は阿蘇市のホームページが詳しい。五岳以外にも名前のある火口丘は多く、登山の対象になっている。

カルデラを取り囲む外輪山《がいりんざん》にも俵山《たわらやま》をはじめとするピークが数多い。こちらは古来の峠道から、あるいは外輪稜線近くを通る車道から、なだらかな外輪の起伏を登るファミリー向けのコースが多い。

五岳の裾野や外輪山では数百年、場所によっては千年の昔から牧畜が営まれ、採草・野焼きと放牧によって草原が維持されている。この茫々と広がる草原のなかにあって、阿蘇の山岳景観は雄大さを実感させている。

●筑肥山地

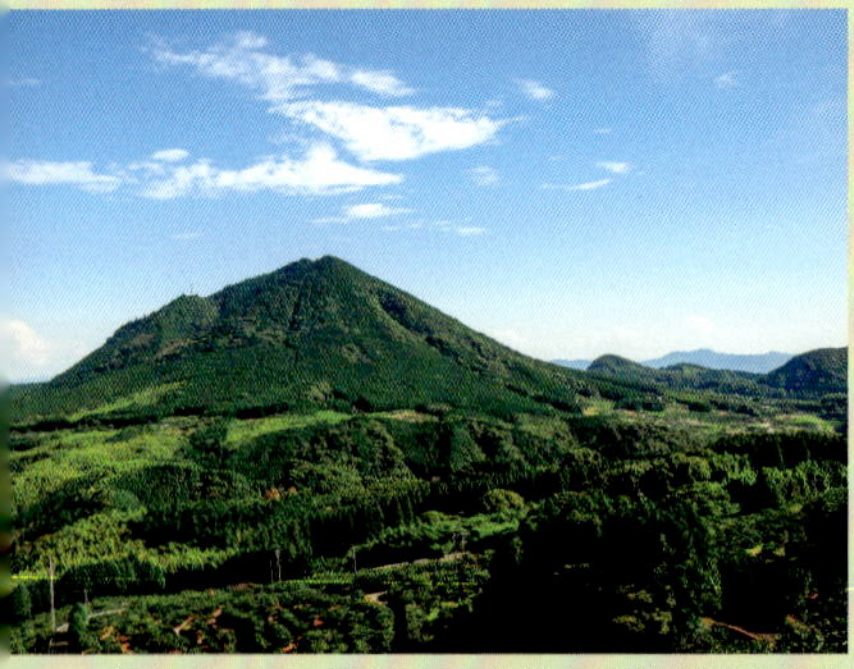

溶岩ドームの成因を示す金峰山の姿。熊本市民のふるさとの山だ

荒々しい阿蘇山・高岳の北尾根。九州におけるロッククライミング揺籃の地である

県北の福岡県境にある山地。西部は標高が500メートルに満たないが、東部の古琉球火山帯に属する国見山《くにみやま》から三国山《みくにやま》では1000メートル級になる。よく登られている三国山と国見山の尾根は自然林が残り、シャクナゲの群生地でもある。筑肥山地のやや南にある八方ヶ岳も同じ古琉球火山で、美しい渓谷をもつ溶岩ドームである。

●**九州山地**

向霧立《むこうきりたち》山地を主幹として五家荘《ごかのしょう》山地や五木《いつき》山地、市房《いちふさ》山地、京丈《きょうのじょう》尾根などからなる山地で、「九州脊梁《せきりょう》」とも称される。人吉盆地を隔てて白髪岳《しらがだけ》から国見山地に至る鹿児島県境の山もこれに含めていうことがある。

向霧立山地は宮崎県境を通り、1600メートル級の山が三方山《さんぼうざん》から高《たか》岳《だけ》、県下最高峰（1739メートル）の国見岳《くにみだけ》、五勇山《ごゆうざん》へと続く。県境の尾根は向霧立からさらに烏帽子岳、白鳥山《しらとりやま》へとのびて銚子笠《ちょうしがさ》の先でいったん高度を落とし、再び江《え》代山《しろやま》、そして県内第2の高峰（1721メートル）市房山まで続く。これが九州脊梁の主稜線である。

五家荘山地は国見岳から派生する京丈尾根と白鳥山から派生する石楠《しゃくなん》尾根に囲まれた山地で、中央に上福根山《かみふくねやま》の巨体が座る。平家落人伝説が数多く残る山域だ。五木山地は子守唄で知られる頭地《とうじ》集落を取り囲み、石灰岩の露頭が多いため、特徴のある地形や植生をもつ。

●**国見山地**

前述のように九州山地の南部に重なる山域だが、鹿児島県境の国見山などの山域を国見山地とよぶ。ここは古琉球火山帯の膨大な溶岩が堆積した溶岩台地で、その中に矢筈岳《やはずだけ》や鬼岳《おんたけ》などの突峰がある。

●**天草諸島**

海成堆積岩の重層からなり、激しい外力を受けていない大陸的な地層からなっている。そのため高山はなく、島内最高峰の倉岳《くらたけ》でも700メートルに届かない。しかし前段でも触れたように、上島には「観《かん》海《かい》アルプス」とよばれる崖壁をめぐらす山並みや次郎丸嶽《じろうまるだけ》・太郎丸《たろうまる》嶽《だけ》の岩山が、下島には断層崖のある険しい印象の山がある。

●主要都市のふるさとの山

麓の住民から「ふるさとの山」と親しまれる山は数多いが、人口の多い主要都市でその対象となる山をいくつか取り上げる。

①県民の4割強の人口にあたる熊本市民が親しく見上げる山が金峰山だ。一《いち》ノ岳《たけ》とも称し、二《に》ノ岳《たけ》・三《さん》ノ岳《たけ》の外輪山をしたがえる金峰火山の主峰である。頂上には九世紀に奈良の金峰山《きんぶせん》から勧請して建立された金峰山神社があり、古くから近隣地域の山岳信仰のシンボルであった。今は各種多様な登山者や行楽客で賑わう山になっている。

②県北の荒尾《あらお》・玉名《たまな》市境にある小《しょう》岱山《だいさん》は南北に長い小高い山で、主稜線を九州自然歩道が通り、それへ向けて10数本の登路が引かれている。どのルートもよく整備され、距離が短いので手軽に登れる。南端の蛇ヶ谷《じゃがたに》公園とともども、老若が行き交う市民の森である。

③旧下益城《ましき》郡富合《とみあい》町・城南《じょうなん》町（現熊本市）・松橋《まつばせ》町（現宇城《うき》市）と宇土市の境界の木原山《きはらやま》は昭和47（1972）年に「県民憩いの森」に指定され、7つの登山コースがある近隣の緑の拠点になっている。道標や展望所、パノラマ説明図などが整備され、麓の由緒ある寺社とともに山域全体が親しまれている。

④県下第2の都市・八代のふるさとの山が竜峰山《りゅうほうざん》だ。「竜」は水神のことで、日照りに困った農民が頂上に祭壇を設け雨乞いをしていたことが山名の由来。八代の民話「彦一《ひこいち》ばなし」の天狗《てんぐ》の棲む山であり、古くから八代の住民の身近な山であった。今では地元の小学校の恒例登山や正月の御来光登山の山としても人気が高い。

天草上島・次郎丸嶽からは千厳山や天草松島が見える

県下最高峰・国見岳はブナの名山でもある（樅木登山口〜国見岳間）

●入山の前に

奥山まで林道がのびマイカーが普及した今日では、いずこの山も日帰り登山の対象になり、気軽に登られている。しかし山間地の道路は損壊が起きやすく、生活道路でなければ復旧に時間がかかる。せっかく来たのに登山口まで行けないケースもあるし、山峡でゲリラ豪雨に遭えば危険な状況にもなりかねない。入山の際は道路状況と気象予報の事前確認を怠らないこと。

脊梁山地では登山口や分岐の標識は十分に整備されておらず、登路も不明瞭な箇所が多い。林道の延伸や植林の伐採により、既存の登路が変化している箇所に出くわすこともある。また、奥山での道迷いは遭難事故に直結する。不安を感じれば無理をせず引き返し、調べ直して再チャレンジしよう。

コース中の旧跡めぐりも楽しいもの（竜峰山・熊野座神社）

絶滅危惧種のアマクサミツバツツジ。交雑が進み花の姿が多様だ（観海アルプス）

脊梁では2万5千分の1地形図と磁石を携行し登路の先を読む技量を必要とする山もあるが、この読図も登山の楽しみのひとつだ。

山によっては平成24（2012）年の九州北部豪雨と平成28（2016）年の熊本地震の影響が残っていたり、近年のゲリラ豪雨の恒常化で林道などの登山口までの取り付き道に荒廃が生じている。とくに台風や大雨のあとは、道路状況の事前確認が必要だ。積雪期に山間地へ入る際も、通行規制の状況を把握しておこう。とくに注意すべき道路は、阿蘇山一帯、国道445号の二本杉《にほんすぎ》峠、県道25号の大通《おおとおり》峠、内大臣《ないだいじん》林道、八代市道五家荘椎葉《しいば》線である。

阿蘇山は上述の2つの被害に加え、活発な火山活動も継続している。2023年現在は噴火活動による通行止めはないが、気象庁の噴火警戒レベルが2の場合はコースによっては通行止めになる。また、登山道の亀裂などにより、根子岳東峰の一部のコースが通行止めとなっている。火山活動の沈静化や復旧工事の進捗度合によって入山規制は緩和されていくであろうが、見通しは不透明である。

未舗装の林道を走る際はパンクに注意（雁俣山）

本書の使い方

■日程　熊本市、八代市など熊本県内の各都市を起点に、アクセスを含めて、初・中級クラスの登山者が無理なく歩ける日程としています。

■歩行時間　登山の初心者が無理なく歩ける時間を想定しています。ただし休憩時間は含みません。

■歩行距離　2万5000分ノ1地形図から算出したおおよその距離を紹介しています。

■累積標高差　2万5000分ノ1地形図から算出したおおよその数値を紹介しています。◢は登りの総和、◣は下りの総和です。

■技術度　5段階で技術度・危険度を示しています。⛏は登山の初心者向きのコースで、比較的安全に歩けるコース。⛏⛏は中級以上の登山経験が必要で、一部に岩場やすべりやすい場所があるものの、滑落や落石、転落の危険度は低いコース。⛏⛏⛏は読図力があり、岩場を登る基本技術を身につけた中～上級者向きで、ハシゴやクサリ場など困難な岩場の通過があり、転落や滑落、落石の危険度があるコース。⛏⛏⛏⛏は登山に充分な経験があり、岩場や雪渓を安定して通過できる能力がある熟達者向き、危険度の高いクサリ場や道の不明瞭なやぶがあるコース。⛏⛏⛏⛏⛏は登山全般に高い技術と経験が必要で、岩場や急な雪渓など、緊張を強いられる危険箇所が長く続き、滑落や転落の危険が極めて高いコースを示します。『熊本県の山』の場合、⛏⛏⛏が最高ランクになります。

■体力度　登山の消費エネルギー量を数値化することによって安全登山を提起する鹿屋体育大学・山本正嘉教授の研究成果をもとにランク付けしています。ランクは、①歩行時間、②歩行距離、③登りの累積標高差、④下りの累積標高差に一定の数値をかけ、その総和を求める「コース定数」に基づいて、10段階で示しています。♥が1、♥が2となります。通常、日帰りコースは「コース定数」が40以内で、♥～♥♥（1～3ランク）。激しい急坂や危険度の高いハシゴ場やクサリ場などがあるコースは、これに♥～♥（1～2ランク）をプラスしています。また、山中泊するコースの場合は、「コース定数」が40以上となり、泊数に応じて♥～♥もしくはそれ以上がプラスされます。『熊本県の山』の場合、♥♥が最高ランクになります。

紹介した「コース定数」は登山に必要なエネルギー量や水分補給量を算出することができるので、疲労の防止や熱中症予防に役立てることもできます。体力の消耗を防ぐには、下記の計算式で算出したエネルギー消費量（脱水量）の70～80％程度を補給するとよいでしょう。なお、夏など、暑い時期には脱水量はもう少し大きくなります。

	時間の要素		距離の要素		重さの要素
行動中のエネルギー消費量（kcal） =	1.8×行動時間（h）	+	0.3×歩行距離（km） + 10.0×上りの累積標高差（km） + 0.6×下りの累積標高差（km）	×	体重（kg）+ザック重量（kg）
＊kcalをmlに読み替えるとおおよその脱水量がわかります	山側の情報 ―「コース定数」				登山者側の情報

仙酔峡から高岳を仰ぐ。これから登る仙酔尾根が左から右上へのびている

01

高岳①仙酔峡ルート

岩尾根を登って広い火口原がある頂上を目指す

たかだけ　せんすいきょうるーと
1592m

日帰り

歩行時間＝4時間20分
歩行距離＝7・2km

技術度
体力度

コース定数＝19

標高差＝685m

累積標高差　762m　762m

阿蘇《あそ》五岳《ごがく》の姿は寝観音に例えられるが、高岳は観音様の胴体にあたり、中央火口丘群の中で最もボリュームがある。その重量感と阿蘇山最高の高度とによって、阿蘇第一の山といえるだろう。安山《あんざん》岩や玄武《げんぶ》岩が幾層も重なった成層火山で、山体にはほかに多くの火口丘を内包する。峨々とした北尾根のシンボル・鷲ヶ峰《わしがみね》もそのひとつで、高岳よりも大きな火口丘だったといわれている。頂上の南側は東西750メートル、南北500メートルの、「大鍋《おおなべ》」とよばれるクレーターのような火口跡で占められている。

高岳北麓の仙酔峡にメインの登山口がある。「仙人も酔うような花の咲く山峡」というのが地名の由来で、ミヤマキリシマの群生地があり、観光スポットにもなってい

■鉄道・バス
JR豊肥本線阿蘇駅からタクシーで仙酔峡駐車場へ向かう。豊肥本線は全線復旧している。

■マイカー
九州道益城熊本空港ICから県道36号を大津町へ。国道57号に入り、阿蘇市宮地で仙酔峡道路を上がり仙酔峡駐車場へ。所要1時間強。大津町から北側復旧道路を利用すれば、10分ほどの短縮になる。

■登山適期
3～11月。ミヤマキリシマの開花は、仙酔峡はゴールデンウィーク、東峰はそれから3～4週ほど遅れる。頂上ではミヤマキリシマと同じ時期に、マイズルソウやイワカガミが花を開く。なお、阿蘇山遭難事故防止対策協議会では、冬季の入山自粛を求めている。

■アドバイス
▽高岳の登山ルートは気象庁の噴火警戒レベルにより規制を受けるが、仙酔尾根ルートは中岳火口から離れているため、規制の影響は比較的少ない。しかし、警報レベル3になるとこのルートも閉鎖される。また、火口東展望所一帯はレベル2で閉鎖されるので、その際はすずめ岩ルートへ迂回する（仙酔峡～中岳間登り1時間30分、下り1時間15分）。

■問合せ先
阿蘇市観光課☎0967・22・31

＊当コースを含む阿蘇山の登山道の状況は、阿蘇市ホームページ内「阿蘇山登山情報」を参照のこと。

高岳の頂上を背景に月見小屋が佇んでいる。冬季や荒天時は食事や休息するのに助かる

高岳の頂上から中岳と火口の噴煙を遠望する

る。ここでは、仙酔峡から仙酔尾根の岩稜を登り、頂上と東峰《とうほう》の両方のピークを踏み、中岳を経由して仙酔峡ロープウェイ跡ルートを下るコースを紹介する。

　仙酔峡の広い駐車場から見上げると、大きい高岳の山体の左に荒々しい北尾根の岩稜が見え、右には火口東展望所がある鞍部へ向かって廃業したロープウェイのケーブルがのびている。5月初旬であれば左の丘はミヤマキリシマで彩られている。その丘からはじまり、視界の中央に徐々に斜度を上げていく尾根が見える。これがこれから登る仙酔尾根である。

　駐車場の左奥に、仙酔谷に架かる花酔い橋がある。ここが**登山口**になる。橋を渡り、ミヤマキリシマの中の遊歩道を上がり鷲見平《わしみだいら》に出る。後ろの丘には、正面に見える北尾根で遭難したクライマーたちの慰霊碑やレリーフが並んでいる。ここから仙酔尾根に取り付く。ヤシャブシのやぶと草付きはすぐに終わり、流れたマグマに火山礫が溶結した足場のしっかりした岩尾根に変わる。短い間隔でペンキの塗られた道標があり、進路に迷うところはない。

　中間点をすぎ、高度を稼ぐにしたがって勾配が増していく。登り行程の3分の2のところにアグルチネートの末端があり、5メートルの壁になっている。ここは右へ斜上して越える。初心者は緊張するところだが、思いのほか容易に通過できるはずだ。フィックスロープが一部残っているが、あてにせず、ホールドとステップを確かめながらバランスを保って登る。この岩場を越えると尾根から広い急斜面の登高に変わり、ペンキの道標にしたがいジグザグに登っていく。

　矢印が塗られた大きい火山弾をすぎるとザレ場となり、すぐに頂上稜線の**仙酔峡分岐**に飛び出す。ここは高岳と東峰の中ほどにあたり、両ピークへほぼ平坦に火口縁

11、タクシー阿蘇営業所☎0967・22・0161
■2万5000ノ1地形図
阿蘇山

＊コース図は14・15ページを参照。

天狗の舞台の裾をミヤマキリシマが飾る

仙酔尾根中間点では北尾根がかぶさるように迫って見える

仙酔尾根で唯一残置ロープがある難所。高度感があるが固くならずリラックスして登ろう

がのび、目の前には大鍋が口を開けている。

ここから右に進み**高岳**山頂をピストンで折り返したら、東峰へ向かう。左に虎ヶ峰《とらがみね》や鷲ヶ峰、ナイフリッジと岩稜を連ねる北尾根が俯瞰される。天狗の舞台の裾を巻いて**東峰**に上がると、天狗岩を中心に岩峰の群がる根子岳《ねこだけ》が見える。

東峰をあとに、ミヤマキリシマの中を大鍋の底へ下る。避難小屋の月見《つきみ》小屋をすぎ、小さなドーム状のコイワカンスゲの群れの間を行く。緩やかに登って大鍋の出口に上がり、高岳の山腹を巻いていくと**月見小屋分岐**に着く。小振りな三角錐の中岳までは緩やかな下りが続き、軽く登り返せば**中岳**だ。

山頂から第一火口の噴煙を見て急斜面を慎重に下り、吊り尾根を経て**火口東展望所**に立つ。噴煙が間近に迫る場所だけに、風向きによっては火山ガスに要注意だ。ここからかつての火口見学者用の舗装道を下る。旧火口東駅の手前で**仙酔峡登山口**へいたる遊歩道に入り、急斜面を下っていく。

ミヤマキリシマの樹氷で華やぐ天狗の舞台

CHECK POINT

登山規制や火山ガスの注意が掲示された駐車場奥の花酔い橋がスタート

鷲見平から駐車場を振り返る。ここから仙酔尾根の登りに取りかかる

ここを越せば岩場からザレ場へ変わり、頂上稜線まであとわずかになる

仙酔尾根分岐の道標。左に天狗の舞台の溶岩台が見える

東峰にある道標。頂上標識はなく、天狗の舞台が東峰の最高所となる

月見小屋のある大鍋の底へ向かって下っていく

広い大鍋の底にコイワカンスゲが群生している

小高い中岳へ向けて緩やかに下ってゆく

仙酔峡へ下る遊歩道からは高岳の北面が見える

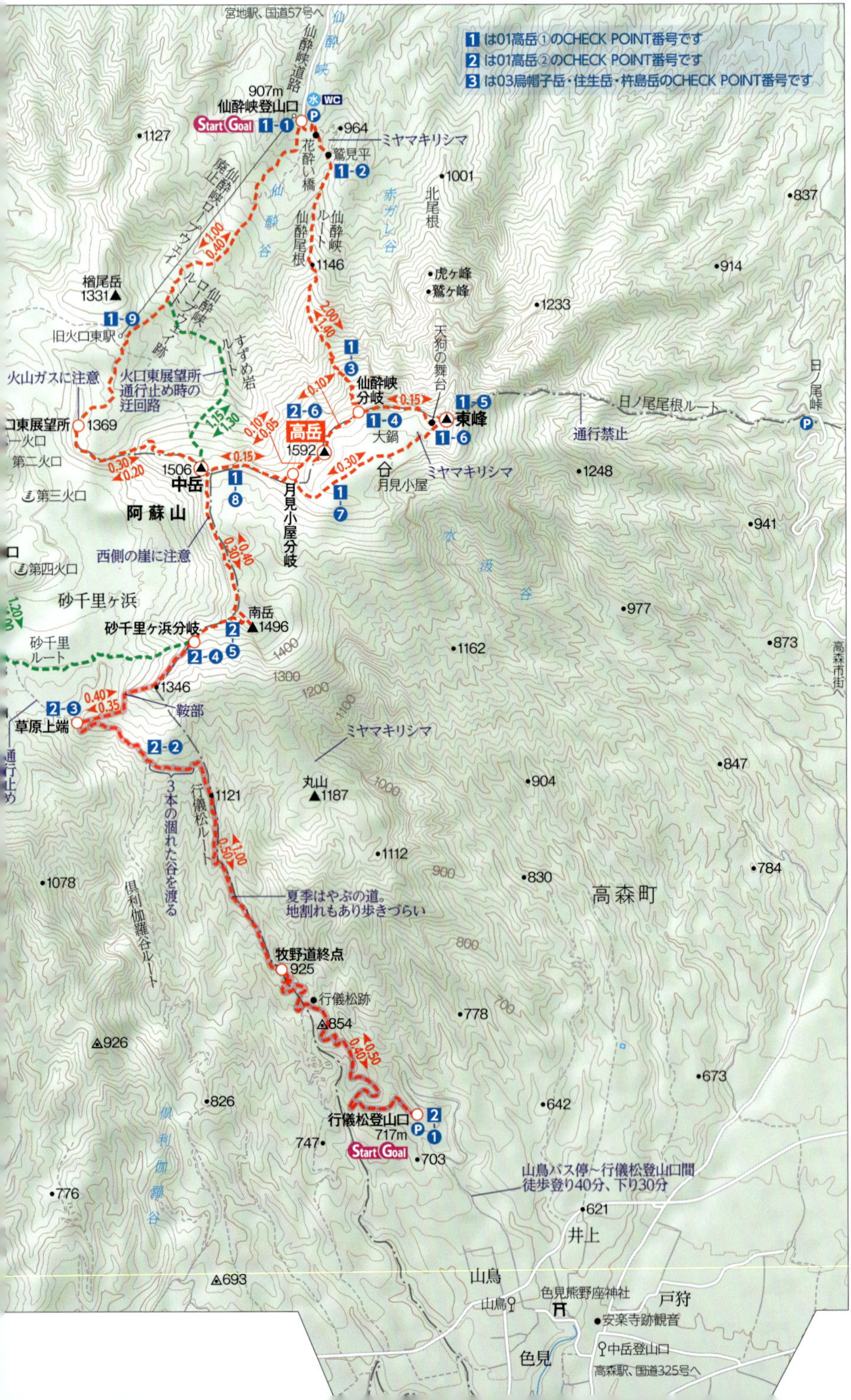

1 は01高岳①のCHECK POINT番号です
2 は01高岳②のCHECK POINT番号です
3 は03烏帽子岳・杵島岳・往生岳のCHECK POINT番号です
宮地駅、国道57号へ
仙酔峡道路
仙酔峡
907m
仙酔峡登山口
Start Goal
1-1
•964
ミヤマキリシマ
鷲見平
1-2
花酔い橋
•1127
•1001
•837
廃止仙酔峡ロープウェイ
仙酔谷
赤ガレ谷
北尾根
仙酔峡ルート
仙酔尾根
•1146
•914
椿尾岳
1331
•虎ヶ峰
•鷲ヶ峰
•1233
1-9
旧火口東駅
仙酔峡ロープウェイ跡
すずめ岩ルート
1-3
天狗の舞台
日ノ尾峠
火山ガスに注意
火口東展望所通行止め時の迂回路
仙酔峡分岐
1-5
日ノ尾尾根ルート
2-6
1-4
東峰
口東展望所
1369
高岳
1592
大鍋
1-6
通行禁止
一火口
第二火口
1506
月見小屋
ミヤマキリシマ
•1248
中岳
1-8
月見小屋分岐
1-7
第三火口
阿蘇山
•941
西側の崖に注意
第四火口
水湧谷
砂千里ヶ浜
•977
南岳
1496
•873
砂千里ヶ浜分岐
2-5
砂千里ルート
2-4
•1162
高森市街へ
•1346
2-3
鞍部
草原上端
ミヤマキリシマ
通行止め
2-2
•847
丸山
1187
•904
•1121
3本の涸れた谷を渡る
行儀松ルート
•1112
•1078
•830
•784
高森町
倶利伽羅谷ルート
夏季はやぶの道。地割れもあり歩きづらい
牧野道終点
925
行儀松跡
•778
854
926
•673
•826
•642
行儀松登山口
2-1
717m
747•
Start Goal
•703
倶利伽羅谷
山鳥バス停～行儀松登山口間 徒歩登り40分、下り30分
•776
•621
井上
山鳥
693
山鳥
色見熊野座神社
戸狩
安楽寺跡観音
中岳登山口
色見
高森駅、国道325号へ

は2023年12月現在通行止めのコース。
詳細は阿蘇市ホームページ内「阿蘇山登山情報」を参照のこと。

南岳から中岳（左）と高岳（右）望む。左の火口壁の縁を登路が中岳へと向かう

02

牧野道から溶岩の尾根に上がり噴煙吐く火口を眺めて頂上へ

高岳② 行儀松ルート

たかだけ　ぎょうぎまつるーと
1592m

日帰り

歩行時間＝6時間30分
歩行距離＝13.6km

技術度 3/5
体力度 2/5

コース定数＝27
標高差＝882m
累積標高差 ↗1084m ↘1084m

阿蘇《あそ》の最高峰・高岳の南面は牧場の草原が広がり、おだやかな表情をしている。荒々しい岩場をさらす北面とは対照的である。南側から高岳に登るルートは2本あり、いずれも中腹まで草原を通っていく。そのうちのひとつが、高《たか》森《もり》町山鳥《やまどり》の登山口から牧野を上がり、行儀松の先からススキの尾根を草原の上端まで登る行儀松ルートだ。コース名の由来となった行儀松はマツクイムシにより枯れて姿を消し、地形図に名前だけが残っている。ここでの放牧はすでに廃止され、跡地のうち30《ヘクタール》ほどを熊本市が地下水源涵養の落葉広葉樹林として育林を行っている。

登山口の先の杉林を抜けると牧野に入る。まわりはヤマグリやヤマザクラ、コナラなど植栽された稚樹が育っている。高度を稼いでいくと、牧野の下に南郷谷《なんごうだに》が広がっていく。行儀松の跡をすぎ、925《メートル》地点に上がると**牧野道の終点**となる。ここから高森町と南阿蘇村の境界の尾根を登っていく。

急登を2回越えてから傾斜の緩んだ尾根を行くと、小さい谷に出会う。水流はあるかなしかだ。ここから左へ山腹をトラバースして

■鉄道・バス
往路・復路＝南阿蘇鉄道高森駅から登山口までタクシー利用（約10《キロ》）。南阿蘇鉄道は2023年7月に全線復旧している。高森駅から山鳥へ高森町民バス（色見循環線）が運行しているが、本数が少なく、登山には使いづらい。山鳥バス停から行儀松登山口へ徒歩約40分。

■マイカー
九州道益城熊本空港ICから西原村、県道28号俵山トンネルを越え、南阿蘇村の久石交差点から南阿蘇村中松へ。国道325号を横切り広域農道に入る。高森町山鳥で左折し作業道の舗装終点へ。5台分の駐車スペースがある。所要約1時間10分。

■登山適期
3～11月。阿蘇山遭難事故防止対策協議会では、冬季の入山自粛を求めている。

■アドバイス
▽牧野道終点から標高1050《メートル》地点までの間には熊本地震（2016年）で損傷の生じた箇所があるが、その後傷口が広がり、2020年以降は阿蘇山遭難事故防止対策協議会で通行不可と判断されている。2023年12月現在復旧の見込みは立っていない。
▽牧野道終点から草原上端までは6～9月はススキの勢いが強く、やぶが深い。除草されていなければ標準

＊当コースを含む阿蘇山の登山道の状況は、阿蘇市ホームページ内「阿蘇山登山情報」を参照のこと。

牧野道終点。上方はこれから向かう南岳

夏の牧野を飾るカワラナデシコ

高岳頂上のマイヅルソウ群落

いく。谷を3本横切り、視界が開けた中を行くと南側のもうひとつの登路である倶利伽羅《くりから》谷ルートが左から合流し、まもなく**草原の上端**に着く。この上は殺風景な火山の世界になる。

2万5000図上での登山道はここから倶利伽羅谷を越えて砂千里《すなせんり》へ向かっているが、ここでは右の尾根を登ってショートカットするコースを行く。あまり踏まれていない登路だが、目印の小さいケルンが短い間隔で積まれている。

やぶを分けて岩稜に上がり、100㍍ほど行くと再びやぶになる。左上にやぶを分け、岩砕の斜面に出てから鞍部を目指して登る。鞍部から溶岩の岩尾根に沿って進むと、砂千里から上がってくる登路が左から合わさる（**砂千里ヶ浜分岐**）。

登路は傾斜が増してくる。登りきると、中岳《なかだけ》から高岳へ続く稜線と正対する。右手の南岳《みなみだけ》に立ち寄ってから、緩く上下する中岳火口壁の縁をたどって**中岳**に登り、噴煙を吐く第一火口を俯瞰する。残りの高度差100㍍ほどをのんびり登って**高岳**の頂上を踏む。

展望を楽しんだら、帰りは往路を戻る。

タイムが登降で1時間余分にかかる（登り＋40分、下り＋20分）。やぶ漕ぎが苦手な人は、この期間の登山は避けたがよいだろう。

▽登路のすぐ脇の南岳からは、丸山（1187㍍）の頂上部が俯瞰でき、三重火山の特異な姿がよく眺められる。また、丸山の頂上はミヤマキリシマの群生地でもある。

丸山の頂上部には三重火山の複雑なシワが見える。5月のミヤマキリシマの開花期にはピンクに染まる

■問合せ先
高森町政策推進課☎0967・62・1111、南阿蘇鉄道☎0967・62・0058、高森駅前タクシー☎0967・62・0383、高森町民バス☎0967・62・1111

■2万5000分ノ1地形図
阿蘇山

＊コース図は14・15㌻を参照。

阿蘇五岳のひとつ中岳から第一火口の噴煙を見る。風向きによっては硫黄臭が流れてくるので注意

CHECK POINT

1 行儀松登山口。作業道の舗装の終点に駐車スペースがある。ここから砂利敷きの道になる

2 倶利伽羅谷ルート合流点。正面の皿山や倶利伽羅谷ルートの尾根にはミヤマキリシマがちらほら見える

3 草原上端の分岐点。道標は倶利伽羅谷を下る方向に向くが、正面の尾根を登りショートカットする

4 ショートカットルートの終点。左から矢印が描かれた砂千里ルートが上がってくる

5 中岳火口壁を登りきると高岳が姿を現す。右へ少し登ると南岳のピークに立てる

6 高岳の山頂標識。生命を寄せつけないような環境だが、スゲに混じってマイヅルソウを見かける

0

烏帽子岳・往生岳・杵島岳

五岳の草原の山をめぐり、多様な阿蘇の表情に触れる

えぼしだけ 1337m
おうじょうだけ 1238m
きじまだけ 1326m

日帰り

歩行時間＝5時間5分
歩行距離＝9・8km

技術度 ■□□□□
体力度 ■□□□□

コース定数＝20
標高差＝237m
累積標高差 ↗770m ↘770m

山襞に浸食が進む杵島岳の裾野（右）と乳房のような往生岳

阿蘇山《あそさん》中央火口丘群の形成は、約8万年前にはじまったとされるが、往生岳と阿蘇《あそ》五岳《ごがく》のひとつ杵島岳は若い火口丘で、最も新しい往生岳はおよそ2600～1700年前に誕生している。両山とも幼年期の地形を留め、野焼きで維持された丸い草原の山である。幾分古い烏帽子岳には山襞が刻まれ、ミヤマキリシマが茂っている。

ここでは、草千里《くさせんり》から烏帽子岳に登り、往生岳、杵島岳をめぐって草千里へ帰る周回ルートを紹介する。柔和な草原と数多くの火口跡をたどる登路である。

駐車場がある草千里ヶ浜の西端に、烏帽子岳の**西登山口**がある。草千里の火口縁をたどり、烏帽子岳の尾根に取り付いて**烏帽子岳**の頂上に登る。草千里の駒立山《こまたてやま》と両

■鉄道・バス
JR豊肥本線阿蘇駅からタクシーまたは産交バスで阿蘇火山博物館へ。

■マイカー
九州道益城熊本空港ICから県道36号を大津町へ。国道57号に入り、長陽村下野交差点から県道298号を上がり草千里ヶ浜駐車場へ。所要約1時間。

■登山適期
通年可能。

■アドバイス
▽烏帽子岳の北東と北西の両尾根は近年ミヤマキリシマが咲き誇るようになり、花期の5月中旬の土曜や休日は登山者で賑わっている。
▽草千里ヶ浜に隣接して阿蘇火山博物館がある。中岳火口壁に2台のカメラを設置し、火口ワイドスクリーンにリアルタイムで火口の映像を流している。立入規制や荒天の時でも、火口から3㌔の博物館で臨場感のある火山活動を観察できる。

■問合せ先
阿蘇市観光課☎0967・22・3111、産交バス☎0967・34・0211、タクルー阿蘇営業所☎0967・22・0161、阿蘇火山博物館☎0967・34・2111

■2万5000分ノ1地形図
阿蘇山

＊コース図は14・15㌻を参照。

＊当コースを含む阿蘇山の登山道の状況は、阿蘇市ホームページ内「阿蘇山登山情報」を参照のこと。

往生岳から高岳を望む。膨大な量の溶岩だ

烏帽子岳頂上。正面は杵島岳、奥は九重山群

往生岳1260㍍ピークからの杵島岳・古御池火口群

側の火口跡の池が鼻と目のようで、草千里は絵本に出てくる童子《どうじ》のような顔に見える。振り返って南側を覗くと、熊本地震で生じた崩壊の傷跡がすさまじい。

頂上から北へ向かう尾根を下ると東登山口に出る。車道を右へ行くと、杵島岳へと上がる遊歩道がある（**杵島岳登山口**）。これを登って標高1224㍍の展望台を経て鞍部へ下ると、**古御池《こみいけ》火口群入口**の標識が立っている。ここから杵島岳中腹にある側《そく》火口跡の大釜《おおかま》の縁を半周する。ここはもともと夏草がうるさい場所だが、熊本地震で地割れが多発し、さらに歩きにくくなった。

やぶが終わり、杵島岳の登りにかかると分岐がある。右の山腹をトラバースする踏み分けをたどってから杵島往生の鞍部へ下りる。急登を上がれば1260㍍の往生岳の頂上だが、1238㍍の三角点はもうひとつ先のピークなので、3つの火口跡を見下ろしながら先へ進む。**往生岳**の頂上からは、ここならではの高岳《たかだけ》の表情が眺められる。

杵島往生の鞍部へ戻り、杵島岳へのほぼまっすぐの急登に取り付く。尾根には熊本地震による地割れが幾筋も走り、どれが正規の登路なのかまぎらわしい。杵島岳の頂上部には直径約250㍍の火口跡があり、南にある山頂標識まで火口縁を回っていく。

杵島岳の頂上をあとに、草千里ヶ浜方面に長々と続くセメントブロックの階段を下る。古御池火口群入口から下りてくる遊歩道と合流し、車道の横を通って草千里の駐車場に帰着する。

烏帽子岳(右)と草千里ヶ浜の駒立山(中央の丘)、そして池。左に中岳の噴煙が見える

CHECK POINT

1 車道から西登山口へ下りる。草千里を回りこんで烏帽子岳へ向かう

2 杵島岳の登山口。ここに標識はないが、すぐに右から舗装された遊歩道が合流する

3 古御池火山群入口。遊歩道と分かれ踏み分け道へ。ひとつ小ピークを越すと夏草が深くなるが、稜線から外れないように進む

4 往生岳の頂上。阿蘇谷の彼方に九重山群が横たわっている

5 杵島岳の山頂標識。あとは草千里へ向けて急坂の下りを残すのみだ

6 本日の終点、草千里駐車場の入口に到着

04

行くほどやせて急になる尾根を登って大パノラマの待つ頂上へ

根子岳東峰①　釣井尾根～箱石尾根

ねこだけとうほう　つりいおね～はこいしおね
1408m

日帰り

歩行時間＝3時間40分
歩行距離＝6・4km

技術度
体力度

コース定数＝**16**	
標高差＝608m	
累積標高差	↗665m ↘665m

↑根子岳東峰の頂上から天狗岩、高岳方面を見る

早春にはイワカガミが登路を飾る

根子岳は阿蘇《あそ》五岳《ごがく》の東端に位置し、風化の激しい荒涼とした風貌が特徴の山だ。北外輪《がいりん》から眺める五岳は寝観音に例えられるが、根子岳は仏様の顔にあたり、いちばん高い天狗《てんぐ》岩は鼻になる。

阿蘇五岳はカルデラ陥没後に隆起した火口丘であるが、現在の通説では、根子岳は陥没に取り残された外輪の一部とされている。年代が古いぶん、五岳のうちでも環境の変動を受けやすいようで、平成24（2012）年の九州北部豪雨では表登山道のヤカタガウドルートが消滅し、さらに平成28（2016）年の熊本地震では天狗岩の東側が剥落した。ここでは、北面の釣井尾根を登ってピークのひとつである東峰に立ち、箱石尾根を下る周回コースを紹介する。

国道265号脇の標識（**釣井尾根登山口**）から作業道を下る。草叢を分けて涸れ谷まで下りてから、対岸にある茶色い雨量計の電波塔まで登り返す。ここが釣井尾根の末端である。ススキ野と杉林の境を緩やかに登っていくと、杉林の先でカガミガウドから上がってくる急な坂道が右から合わさる（**登山道出合**）。登路の両側は背丈を超えるススキが茂り、その中には時季折々彩り豊かに野草が花をつけている。

ススキ野からスギが混じる灌木帯へ変わると、傾斜が徐々に増してくる。息が上がる頃合いに、登路の右側に見晴らしのよい広場がある。この先も急登が続くので、ここでひと休みしていこう。カガミガウドの眺めがよく、見晴新道の描くスカイラインの先には高岳《たかだけ》北尾根が顔をのぞかせている。

箱石峠分岐まではさらに斜度を上げていく。捨て縄も出てくるの

■鉄道・バス

往路・復路＝JR豊肥本線宮地駅か

箱石峠の高台から峻険な姿の根子岳北面を望む

で、支えにして登っていこう。**箱石峠分岐**に着くと、緩やかな尾根を行くようになる。一度下って登り返すと「進入禁止」の看板があるが、これはやせ尾根が崩れて廃道になった箇所の古い注意書きであり、現在の登路は左下を迂回している。

アルミのハシゴを下って進み、再び尾根に上がる。行く手に岩稜が立ち、登路は岩場の基部の左をトラバースしている。熊本地震の影響か、頭上の岩の隙間が緩くなっている様子が見え、そそくさと通過する。

トラロープが張られたザレ場を横切って岩場をすぎると、アセビの茂る火山土の斜面になり、これを登って頂上直下の尾根の上に出る。ここから頂上までは細い急登が一本通るだけのやせ尾根で、スズタケや灌木の枝を頼りにバランスをとりながら登っていく。

根子岳東峰の頂上に着くと、西に天狗岩と高岳の荒々しい岩稜が目を引き、それから右回りに英彦《ひこ》山《さん》、犬ヶ岳《いぬがたけ》、九重《くじゅう》、由布《ゆふ》、祖母《そぼ》・

ら釣井尾根登山口までタクシーを利用する（約8㌔）、豊肥本線は全線復旧している。

■マイカー
九州道益城熊本空港ICから県道36号を大津町へ。国道57号で阿蘇市坂梨交差点に進み、国道265号で釣井尾根登山口へ。所要約1時間15分。北側復旧道路を利用すれば10分ほど短縮になる。

■登山適期
3～11月。阿蘇山遭難事故防止対策協議会では、冬季の入山自粛を求めている。

■アドバイス
▽次の箇所は平成24（2012）年の九州北部豪雨で生じた崩落が登路の脇まで迫っているので注意してほしい。
釣井尾根＝箱石分岐下、東側斜面。
箱石尾根＝箱石分岐下、西側斜面（ススキが茂り崩落箇所が見えにくいので、尾根の東寄りを進むようにする）。

■問合せ先
阿蘇市観光課☎0967・22・3111、タクルー阿蘇営業所☎0967・22・0161

■2万5000分ノ1地形図
根子岳

＊コース図は28・29㌻を参照。

傾《かたむき》、大崩《おおくえ》、九州脊梁《せきりょう》、雲仙《うんぜん》と、ぐるりと九州の名山を見渡せる。

帰路は**箱石峠分岐**へ戻り、そこから箱石尾根を下る。ススキをかき分けて行くので、手袋を着けておこう。ススキが茂って足元が見えづらい急な斜面を、短いステップで下っていく。「E3」の道標まで来るといくぶん傾斜が緩み、植林混じりの灌木帯になる。シカ道が交錯してわかりづらい箇所もあるが、稜線から外れないように行けば問題はない。

「E2」の道標をすぎ、木立を抜けると牧野が現れ、左下に防火帯が見える。ススキを手掛かりに急な斜面を防火帯まで下りる。この防火帯は箱石尾根の稜線に沿って箱石峠まで続いている。

箱石峠に着いたら、国道265号を**釣井尾根登山口**まで下る。

釣井尾根の途中からは荒々しい高岳北尾根が見える

箱石尾根下部の牧野の稜線をたどっていく

CHECK POINT

1

国道265号の釣井尾根登山口。ここから谷へ下り、正面に見える茶色のポールが立つ尾根の末端に取り付く

2

歩きはじめから20分ほどで、右にカガミガウドからの登路が合わさる

3

釣井尾根と箱石尾根の分岐に着く。この先頂上までは岩場ややせ尾根の急斜面の登りとなる

4

なだらかな箱石尾根を下り、根子岳を振り返る

5

箱石尾根の末端に来ると峠を通る国道265号が見えてくる

6

箱石峠を通る国道265号に下り立つ。向かう方に高岳が見える

0

怖い猫伝説を生んだ怪異な相貌の山を登る

根子岳東峰②

大戸尾根～前原牧場

ねこだけとうほう
おおとおね～まえばるぼくじょう
1408m

日帰り

歩行時間＝3時間45分
歩行距離＝9・7km

技術度
体力度

コース定数	＝18
標高差	＝668m
累積標高差	↗790m ↘790m

高森町上色見から見る根子岳の相貌

特異な形状をした根子岳は、眺める場所によってさまざまな表情を見せる。高森町《たかもり》から見る南面の姿は天狗岩《てんぐ》を中心に岩峰がギザギザと頂上稜線に並び、胸壁にあたる山口《やまぐち》谷の懸崖はささくれている。南面にはほかに地獄谷があり、その東の縁を大戸尾根の急登が東峰へのびている。

山名は「ネッコ（凸凹の岩の地形）」や「地球の根ッ子」に由来するが、「根子」が「猫」に転化し、猫にからむ民話が生まれた。まがまがしい山の姿から怪猫が連想されたのか、猫の大王の館から旅人が命からがら逃れたり、妖怪に化ける大猫と猟師の戦いなど、奇怪な話が多い。

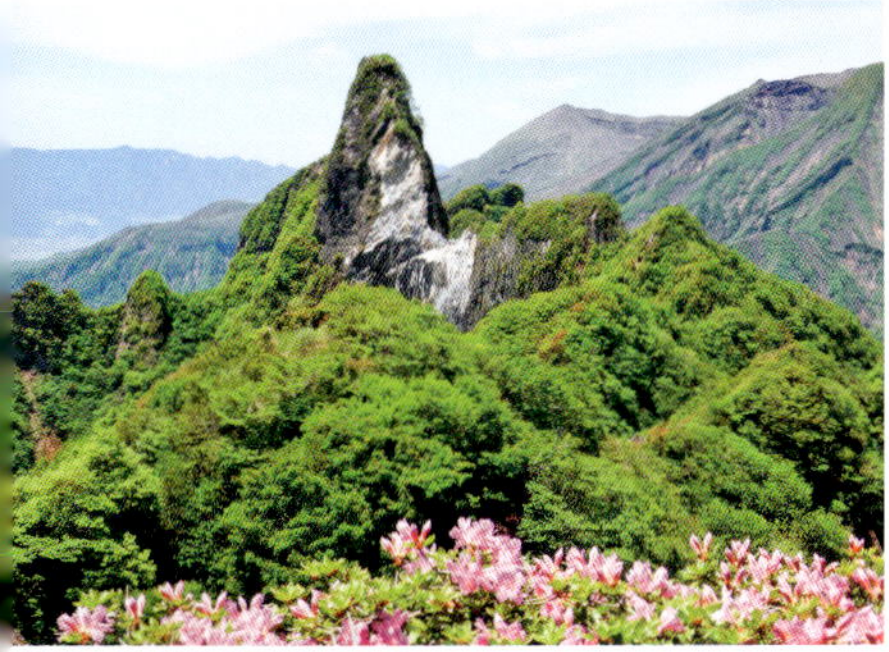

根子岳東峰からの天狗岩。熊本地震で崩れた白い岩壁が痛々しい

大戸尾根の登路をふさぐ露岩。岩の裾の左手を回りこむとハシゴが架けられている

大戸尾根登山口の駐車場から作業道を行くと記帳所があり、そこから右の牧場へ上がる。左奥の牧柵を抜けて植林の中の登山道へと入っていく。植林からコナラの木立になり、稜線が狭くなると道をふさぐ露岩が現れる。露岩の裾を左へ回りこむと木製の階段がかけてあり、楽に越せる。

ヤシャブシやミヤマキリシマなどの低木帯に変わると、1248メートル《メートル》の小さい標柱がある。そこから平坦になった登路を少し行くと左側が地獄谷へ切れ落ちて視界が開け、天狗《てんぐ》岩の岩稜が目に飛びこんでくる。ここは紅葉期の格好のビューポイントである。

2012年九州北部豪雨で右側斜面が崩落して狭くなったところを慎重に通過すると、草付きを登るようになる。灌木の中に入り、急斜面を登っていくと右に前原牧場からの登路が合わさる。この道は下山で利用することになる。

ススキの茂みを登ると、三叉路に出る。左は天狗岩へ続くやせ尾根で、目指す頂上は目の前にある。

＊コース図は28・29ページを参照。

＊2012年の九州北部豪雨で山頂直下のやせ尾根が傷み、その後損傷が進んだため、23年7月に阿蘇山遭難事故防止対策協議会で（P26へ続く）

大戸尾根から見る地獄谷の秋景

2012年豪雨で崩れて狭くなったところをバランスに注意して越えると、**根子岳東峰**の頂上にたどり着く。

展望を楽しんだら前原牧場ルート分岐へ戻り、牧場を目指して下る。下り一辺倒の急傾斜が続く。背の高いススキが生え、コナラやカシワの林に囲まれ展望は悪いが、時おり切れ間から荻岳《おぎだけ》や祖母《そぼ》・傾《かたむき》が姿を見せる。

植林になると、すぐに**前原牧場登山口**に下り立つ。牧野道を牛の視線を浴びながらのんびり歩いて国道265号（**前原牧場入口**）に出る。国道を南下し大戸《おおと》ノ口《くち》から外輪山を下り、**広域農道**を経由して**大戸尾根登山口**へ戻る。

あるいは難路であるが、国道265号へ出たら300㍍先で右の尾根にあるススキに埋まった牧柵をたどり、途中から植林を下って国道をショートカットすることもできる。

■鉄道
往路・復路＝南阿蘇鉄道高森駅から大戸尾根の登山口までタクシーを利用する（約10㌔）、南阿蘇鉄道は2023年7月に全線復旧している。

■マイカー
九州道益城熊本空港ICから西原村、県道28号俵山トンネルを越え、南阿蘇村の久石交差点から南阿蘇村中松へ。国道325号を横切り広域農道に入り、大戸尾根登山口の駐車場へ。所要約1時間20分。

■登山適期
3～11月。根子岳は紅葉の山では九州のトップクラスとされる。メインルートだったヤカタガウドが消失したあとは、この大戸尾根が紅葉を最も身近に楽しめるルートだろう。10月上旬が見ごろになる。なお、阿蘇山遭難事故防止対策協議会では、冬季の入山自粛を求めている。

■アドバイス
▽南阿蘇には多くの温泉があり、大戸尾根登山口に近い月廻り温泉館で立ち寄り入浴ができる。根子岳を正面に見るレジャー施設の公園にある。

■問合せ先
高森町政策推進課☎0967・62・1111、南阿蘇鉄道☎0967・62・0058、高森駅前タクシー☎0967・62・0383、月廻り温泉館☎0967・62・1628

■2万5000分ノ1地形図
根子岳

（P25からの続き）大戸尾根ルートと前原牧場ルートは通行不可と判断されている。23年12月現在、復旧の見込みは立っていない。

前原牧場の中を肥後の赤牛の視線を受けながら行く

CHECK POINT

1 大戸尾根登山口と駐車場。しばらくは作業道を進む

2 登山記帳所から牧場に上がると奥に牧柵の山口があり、ここが登山口になっている

3 右から前原牧場ルートが上がってくる。頂上まであとわずかだ

4 前原牧場登山口と広い駐車場。入口に記帳ボックスと注意書きの看板がある

5 国道265号にある前原牧場の入口。根子岳東峰の東面は柔和な表情だ

6 国道265号のショートカット道入口。この道を行く場合はススキを分け稜線の牧柵へ進む

宮地駅、国道57号へ
4は04根子岳東峰①のCHECK POINT番号です
5は05根子岳東峰②のCHECK POINT番号です
Start Goal
約5台分の駐車スペース
釣井尾根登山口
805m
電波塔・雨量計
登山口
登山道出合
釣井尾根
樹林界
箱石峠
箱石峠分岐
ハシゴ、ロープのある急斜面
根子岳東峰
急な下り
箱石尾根
樹林界
前原牧場登山口
約10台
のんびりとした牧野道を行く
前原牧場
阿蘇市
阿蘇山
ヤカタガウド
カミガウド
九州自然歩道
日ノ尾峠
見晴新道
釜割
左谷
中道
佐渡ヶ迫

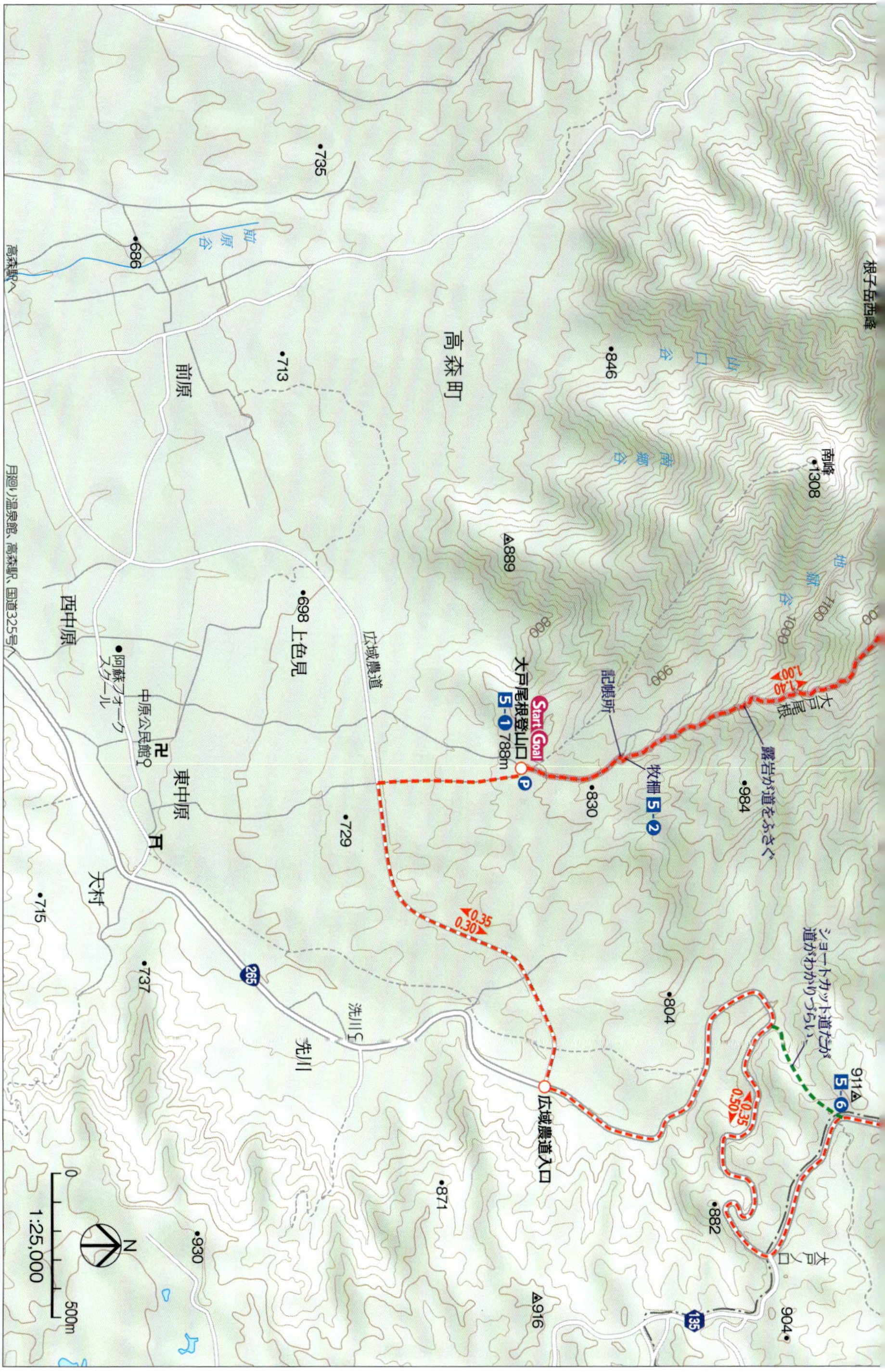

■は2023年12月現在通行止めのコース。
詳細は阿蘇市ホームページ内「阿蘇山登山情報」を参照のこと。

06

正面に高岳と根子岳、遠く祖母と九州脊梁を望む絶好の展望所

清栄山

せいえいざん
1006m

日帰り

歩行時間＝3時間40分
歩行距離＝7・1km

技術度
体力度

コース定数＝**15**

標高差＝417m

累積標高差 ↗585m ↘585m

黒岩峠の近くから清栄山（左）を仰ぐ。スカイラインを切っている稜線を登る

清栄山は南外輪《がいりん》の東の端にある。高森《たかもり》町から見るとカルデラ壁の垂崖が並び、崩れ残った岩稜がらくだ山まで幾筋も続き、黒い原生林とも相まって険しい印象を与える。しかし頂上に立って東側を眺めると、打って変わってなだらかな牧野が波打つ、のどかな風景が広がっている。高森町の村山《むらやま》から野尻《のじり》を結ぶ野尻街道が清栄山の南の黒岩《くろいわ》峠を通っている。峠道は舗装された車道で九州自然歩道が通っているが、かつては石積みの曲がりくねった坂道であったという。峠の近くで江戸初期に浄土真宗清栄山円満《えんまん》寺が開基され、江戸後期には東麓の高尾野《たかおの》に移されているが、明治になり陸地測量部が三角点を置いたとき無名峰に円満寺の山号を借りて「清栄山」と命名したのが山名の由来である。

清栄山の頂上から南郷谷を俯瞰する

登路に咲くキツネノカミソリ

村山集落にある**清栄山登山口**から車道を黒岩峠へ向かう。村山牧野に入ると正面に清栄山が黒く見えている。町のキャンプ場があった往時の名残のアカマツ林が美しい。「高森殿《どん》の杉」の入口をすぎると徐々に勾配が増していく。ヘアピンカーブをくり返し、見上げてい

■鉄道・バス

往路・復路＝南阿蘇鉄道高森駅から徒歩かタクシーで村山へ（約2キロ）。南阿蘇鉄道は2023年7月に全線復旧している。

■マイカー

九州道益城熊本空港ICから西原村、県道28号俵山トンネルを越え、久石交差点を左折。南阿蘇村中松を経て国道325号へ。国道265号村山交差点先で村山集落へ入る。所要約1時間。道端の駐車スペースを探す。

■登山適期

通年可能。

■アドバイス

▽村山の登山口から500メートルほど登った高森殿の杉入口に2箇所・11台分の駐車場がある。また、ピークハントが目的であれば、黒岩峠まで車で上がるのもよいだろう。

▽村山の入口に立つ登山道標識には「高森殿の杉」も並べて表示してある。峠の途中に2本の巨杉があり、島津軍に攻められた高森城主が自刃した故事の伝わる地である。

▽高森町ではいろりを囲んで伝統食の田楽が楽しめる。目にしみるいろりの煙をこらえて食べる香ばしい田楽の味は思い出に残る。

■問合せ先

高森町政策推進課☎0967・62・1111、南阿蘇鉄道☎0967・62・0058、高森駅前タクシー☎

た清栄山の胸壁を横から見るようになると**黒岩峠**に着く。

　峠から南へ外輪山の縁に沿って九州自然歩道が高森峠へ向かっている。清栄山へは左の草付きの丸太の階段が付けられた、急な斜面を登っていく。

　杉林の先で頂上から下りてくる尾根に上がる。左は急激に落ちこむカルデラ壁で、南郷《なんごう》谷の眺望をさえぎるものはない。上方に樹林をかぶった三角の峰が見えてきて、その奥が目指す清栄山の頂上だ。急登から解放されると山ノ神の祠があり、少し先に三角点と**清栄山**の頂上標識がある。

　頂上から北へ向かい防火帯に降り、小さいコブをひとつ越えて登り返すと、左の尾根に踏み分けが上がっている。夏草が茂るころはススキがかぶさっているが、入口の立木の赤テープが目印だ。やぶを分けながらたどると、祠が置かれた1010《メートル》のピークに着く。ここは福岡の宮地嶽《みやじだけ》神社の分神が祀られており、地元ではここを**宮地嶽山**とよんでいる。

　帰りは往路を戻る。

CHECK POINT

国道265号から村山の清栄山登山道へ入る。奥で駐車スペースを探す

黒岩峠にある清栄山の取り付き

清栄山の頂上からは360度の展望が得られる。右手には九重、祖母、九州脊梁が展開している

防火帯を通って正面の宮地嶽山を目指す

宮地嶽山の取り付き。夏にはススキがかぶさるが、少し入ればしっかりした踏み分けが続いている

宮地嶽山の頂上。祠と碑が草に埋もれ、訪れる人も少ないひっそりとしたピークである

宮地嶽山から草原が波打つ女性的な姿の清栄山を望む

0967・62・0383
■2万5000分ノ1地形図
高森

07

日帰り

一ノ峯・二ノ峯

見晴らしのよい2つのピークから阿蘇外輪山のスケールに触れる

歩行時間＝3時間30分
歩行距離＝5・4km

いちのみね　858m
にのみね　870m

技術度
体力度

コース定数	＝12
標高差	＝418m
累積標高差	↗514m ↘514m

西原村宮山から見る二ノ峯（左）と一ノ峯

アキノキリンソウ

マツムシソウ

南外輪山《がいりんざん》から西原《にしはら》村宮山《みややま》へ下りてくる尾根に、達磨の姿を連想させるピークが2つ並んでいる。外輪山の外回りは概して平凡なため人の注意を引くものは少ないが、この特徴のあるピークは例外で、それぞれ一ノ峯、二ノ峯と名前をもち、2つの頂上を通り外輪山の稜線へのびる登山道もある。付近一帯は野焼きで保たれている牧野で、背丈の低い草原が外輪山の柔らかな起伏に広がっている。

第一登山口をあとにコンクリート敷きの送電塔巡視路を200メートルほど行くと、右に軽トラックのわだちが草原の中を上がっている。このわだちが登路になる。小ピークに出てから右へ下り、登り返して広い尾根に上がると登路は1本の細い踏み分けになる。ネザサの絨毯に背丈の低いススキやハギが混じる明るい草原が続く。

急登が現れ5分頑張って台地に上がってしばらくで、右に第二登山口からの踏み分けが合わさる（**第二登山口分岐**）。緩やかに登って一ノ峯が正面に見える平地に出る

■鉄道・バス
公共交通機関は不可。マイカーを利用する。

■マイカー
九州道益城熊本空港ICから県道28号を西原村小森へ。そこから広域農道に入り宮山入口で左折、宮山集落を抜けて植林の中を進む。植林を出て右へ大きくカーブする場所が第一登山口（仮称）だ。所要約35分。

■登山適期
通年可能。

■アドバイス
▽第一と第二の登山口には登山口の標識は設置されていないので注意。
▽牧野は野草の花で飾られ、とくに2つのピークは晩夏にマツムシソウのお花畑となる。
▽一ノ峯へは尾根を登らず山腹をトラバースして頂上直下へ行き、急坂を頂上まで登るルートもある。
▽2つの頂上には熊本地震の影響が刻まれている。一ノ峯頂上には最大幅30センチの地割れが東西方向に走り、露岩が振動して地面との間に隙間が生じている。二ノ峯は頂上から岩のいくつかが落下している。この尾根全体が揺すられた様がわかる。

■問合せ先
西原村産業課☎096・279・3111

■2万5000分ノ1地形図
大矢野原

と、右から第三登山口からの登路が合わさる（**第三登山口分岐**）。

登路は一ノ峰の頂上へ続く尾根へ向かう。取り付きは緩やかにはじまり、しだいに尾根の傾斜が増してくる。「国之御柱命《くにのみはしらのみこと》」と刻印された石塔をすぎると、三角点のある**一ノ峰**の頂上に着く。頂上からの景観は、前方間近に均整のとれた三角形の二ノ峰が見え、振り返って見下ろせば植林と草原の波打つ外輪の裾野が広がり、その先に熊本平野が霞んで見えている。

稜線通しに鞍部へ下り、同じほどの高度を登り返すと露岩がひしめく**二ノ峰**の頂上に上がる。前方には視界いっぱいに外輪山の山襞が立ち並び、俵山《たわらやま》から冠ヶ岳《かんむりがたけ》へ続く稜線がスカイラインを切っている。外輪山のほんの一部にすぎないこの眺望から阿蘇《あそ》全体のスケールを思うと、あらためてその大きさが実感される。

帰りは往路を戻る。

一ノ峰から登山口の方を俯瞰する。外輪の波打つ草原が広がる

CHECK POINT

1 第一登山口。林道から左へ分かれる送電塔巡視路を上がる

2 急登から広い尾根に上がると一ノ峰が姿を現す

3 国之御柱命の石碑まで来ると一ノ峰の頂上は目の前だ

4 一ノ峰の頂上から青空を区切る外輪山のスカイラインが見える

5 端正な二ノ峰を目指して鞍部へ下る

6 二ノ峰の頂上。広大な外輪の草原を隔てて冠ヶ岳のピークが見える

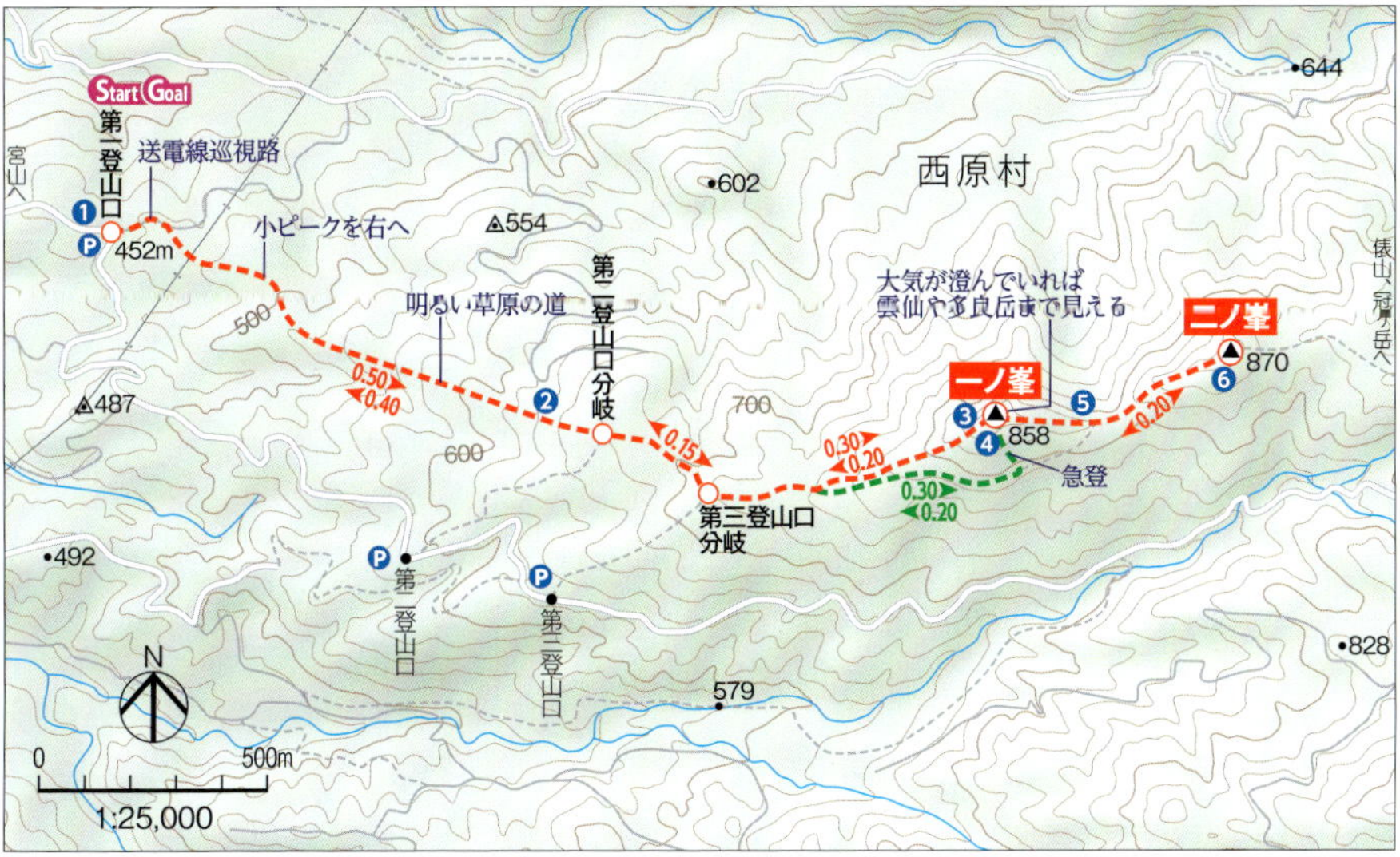

08

平家伝説の古道で峠に立ち、外輪をたどり阿蘇五岳の展望台へ

冠ヶ岳

かんむりがたけ
1154m

日帰り

歩行時間=6時間15分
歩行距離=18.4km

技術度
体力度

コース定数	=**26**
標高差	=351m
累積標高差	↗ 981m ↘ 981m

大矢岳の中腹から冠ヶ岳を遠望する

阿蘇五岳を望む冠ヶ岳頂上

熊本市から阿蘇《あそ》の外《がい》輪山《りんざん》を眺めて南端にあり、最も高く見えるのが冠ヶ岳だ。三角形の端正な姿が冠の気品を思わせ、山の名前になったという。頂上は外輪の稜線から少し外れた尾根にあり、ススキの草原に囲まれて開放的である。

2万5000図「大矢野原《おおやのはら》」に十文字《じゅうもんじ》の地名がある。ここは昔、御船《みふね》から地蔵《じぞう》峠を越えて阿蘇へ通じる道と、矢部《やべ》と大津《おおづ》を結ぶ道が交差する峠で、そこから地名が生じている。今はすぐ脇を西原と阿蘇を結ぶグリーンロード南阿蘇が通っているが、十文字から地蔵峠へ登る往古の道は残っている。所々で林道がかぶさる区間もあるが、ひっそりとした古道が地蔵峠へ向けて上がっている。

十文字の**登山口**から植林の中のたんたんとした古道の登路を行く。二次林が混在してくると少しは傾斜も出てきて、小さなピークに着く。その先で林道に合流するが、ほどなく林道と分かれて左のスズタケの中に入っていく。すぐに**小《こ》松《まつ》姫塚**の看板に出会う。源氏の追討を逃れ地蔵峠を越える時に疲れて亡くなった平重盛の姫をあわれんで、地元民が塔を立てたという。塔は崩れて散乱しており、傍らに苔むした道標がある。「地蔵峠まで一里半」の刻字がかすかに見えている。

地蔵峠からの南郷谷。右奥は祖母山

二次林を登り林を抜けると、頭上を送電線が横切る。右に鉄塔が立ち、その下に冠ヶ岳と大矢岳《おおやだけ》が見える**見晴《みはらし》岩**がある。ここから少し登ると平坦になり、登路は2回林道と重なる。「地蔵峠風景林」の看板の横からスズタケの中を登る

と、ほどなく**地蔵峠**に着く。

ここからほぼ平坦な外輪山の稜線をたどる。**グリーンロード南阿蘇**を横断し、植林や二次林の混在する森を行く。ベンチのある阿蘇五岳《ごがく》の展望所をすぎ、植林の中をひと登りして平坦な道を行くと、三角点のある**番台《ばんだい》ヶ原《がはら》**への入口がある。往復に10分かかる。

展望のない道を**冠ヶ岳分岐**まで行き、分岐を左折してススキやネザサの茂る明るい尾根を行くと**冠ヶ岳**の頂上に出る。

帰りは往路を戻る。

CHECK POINT

1 十文字の駐車場と登山口。すぐ横をグリーンロード南阿蘇が通る

2 平家伝説にちなむ小松姫塚。傍らには古い道標が立っている

3 広い防火帯にある見晴岩。送電塔の脚柱の間に目的の冠ヶ岳が見える

4 ここで作業道から分かれ、地蔵峠へと登る。周囲は風景林に指定されている

5 縦走路はグリーンロード南阿蘇を一度横切る

6 三叉路の冠ヶ岳分岐を左折する。少し先で樹林帯から明るい草原の道になる

■鉄道・バス
公共交通機関は不可。マイカーを利用する。

■マイカー
九州道益城熊本空港ICから県道28号を西原村小森へ。そこから広域農道に入りアグリパークの十字路で左折してグリーンロード南阿蘇に入り十文字へ。所要約40分。峠に10台ほどの駐車スペースがある。

■登山適期
通年可能。春、夏、秋にそれぞれの野の花が楽しめる。とくに晩夏の地蔵峠はマツムシソウで華やぐ。

■アドバイス
▽グリーンロード南阿蘇の地蔵峠駐車場から5分で地蔵峠に上がれるので、子ども連れや高齢者はここから楽に冠ヶ岳頂上を往復できる。

■問合せ先
西原村産業課☎096・279・3111、南阿蘇村企画観光課☎0967・67・1111

■2万5000分ノ1地形図
大矢野原

09

南外輪の稜線に残る自然林の中で静かなハイキングを楽しむ

大矢野岳

おおやのだけ 1236m

日帰り

歩行時間＝5時間45分
歩行距離＝15・9km

技術度 1/5
体力度 2/5

コース定数	＝**26**
標高差	＝586m
累積標高差	↗1016m ↘1016m

大矢岳頂上から見る大矢野岳

リンドウは阿蘇の秋を象徴する

標高1000メートル前後の高度で連なる阿蘇外輪山《あそがいりんざん》には名前をもつピークが多く、その最高所が大矢野岳だ。東西25キロ・南北18キロのカルデラを取り囲む長い外輪の稜線は、人為や人里の気配が濃いが、駒返《こまがえり》峠と大矢野岳の間の「狼ケ《ろうが》宇土《うど》」とよばれる内壁は自然林に覆われている。稜線もネザサやスズタケの林床に落葉広葉樹の古木が枝を張り、下界の塵芥が洗い流されるような森閑とした景観が広がっている。ここで紹介するコースが通る地蔵峠と駒返峠の峠道は、近世までは人や物資が行き交う要路であり、苦労の多い峠越えの安全を祈願して祀られた地蔵などが峠に今も残されている。

林道駒返線入口のフェンス横を抜けて舗装道を上がる。土石流で破壊された箇所を乗り越えると、すぐに林道駒返線に出る。等高線沿いの平らな林道を進むと**駒返峠の登り口**がある。植林の中を谷筋沿いに登路が上がる。木製デッキのようなつくりの階段を登り、短くジグザクをくり返し**駒返峠**へ。峠には年を経たスギが1本立ち、石像を納めた小さい祠がある。

峠からしばらく急な尾根を登る。左右はスズタケが茂る樹林で、視界は閉ざされている。登りきると、おおらかに起伏をくり返しながら外輪山の広い稜線をたどっていく。高木の樹林からアセビの林へ変わり徐々に高度を上げていき、縦走路から少し右へ入った小さい広場に**大矢野岳**の標識がある。雑木に囲まれて眺望はないが、次に

■**鉄道・バス**
公共交通機関は不可。マイカーを利用する。

■**マイカー**
九州道益城熊本空港ICから県道28号を西原村小森へ。そこから広域農道に入りアグリパークの十字路で左折してグリーンロード南阿蘇に入り、地蔵峠を越えてから林道駒返線入口へ。所要約1時間。

■**登山適期**
通年可能。

■**アドバイス**
▽最後は味気ない車道歩きだが、切り立った大矢野岳一帯の外輪内壁などの眺めは、短時間で通りすぎてしまう車窓から見るものとは違って深い印象を受ける。また晩秋には、沿道で鈴なりのムカゴに出会えるかもしれない。

■**問合せ先**
南阿蘇村企画観光課☎0967・67・1111

■**2万5000分ノ1地形図**
大矢野原・肥後吉田

展望のよい大矢岳からの阿蘇五岳

登る大矢岳《おおやだけ》は360度の視界があり、阿蘇五岳も見えている。

大矢岳から見晴らしのよい尾根をひと下りで**地蔵《じぞう》峠**へ。峠には新しく塗装されたコンクリート製のお堂があり、中に4体の地蔵が収められている。峠から急な階段を下ってグリーンロード南阿蘇の車道にある地蔵峠登山口に出る。

ここから出発地の林道駒返線へ下る。最初に2箇所ショートカットの歩道を下り、あとは高度差250㍍の下り勾配の車道を歩いて**林道駒返線入口**へ向かう。

CHECK POINT

1 グリーンロード南阿蘇から林道駒返線に入る。入口に車止めのフェンスがある

2 駒返峠の登り口。ここで林道から分かれ、植林の中に続く谷沿いの登山道へ

3 植林帯を抜けスズタケの中を登ると、デッキのような歩道が出てくる

4 駒返峠まで上がるといよいよ外輪の稜線を行く。これからしばらくは急登だ

5 狼ヶ宇土の外輪稜線は静かな原生の森が続く

6 縦走路から少し離れ、樹木に包まれてひっそりと佇む大矢野岳の標識

7 地蔵峠には石室の中に4体の地蔵尊が祀られている

8 グリーンロード南阿蘇に下り立つ。出発地の林道駒返線へは長い車道歩き

10 開放的な頂上稜線で野草に触れ、広闊なパノラマを楽しむ

鞍岳・ツームシ山

くらだけ　1118m
つーむしやま　1064m

日帰り

歩行時間＝4時間30分
歩行距離＝10・4㎞

技術度
体力度

コース定数＝**21**

標高差＝538m

累積標高差 ↗911m ↘911m

菊池市郊外からの鞍岳。名前通りの鞍の形の山容だ

鞍岳は阿蘇山《あそさん》の北外輪《がいりん》では最高所のピークで、熊本平野からよく目立つ山だ。女岳《めだけ》との間に凹部があり、その恰好が馬の鞍に似ているため山の名前になっている。ここでは、正面登山口の森林コースから鞍岳に登り、ツームシ山へ足をのばして再度鞍岳へ、パノラマコースを下るルートを紹介する。

森林コース登山口から、すらりとのびたヒノキの植林を行くと治山工事の作業道が現れ、100《メートル》ほどこれを伝う。本来の登山道に戻るとすぐに女岳の登路が右に分かれている。しばらく作業道が並走する。谷筋を登っていくと、苔むしたスギの植林の急登になる。急登を終えて涸れ谷を渡ると「鞍岳山頂35分」の標柱があり、ここから左の尾根へ取り付く。急登の尾根にはロープが張られている。標高1050《メートル》で登路は二分するが、右は崖崩れのため通行止めで、左の馬頭《ばとう》観音経由で行く。馬頭観音の上でパノラマコースに合流し、ツームシ山分岐からひと登りで**鞍岳**の頂上に着く。

ツームシ山分岐に戻り、アセビが茂る尾根を下る。下り終えると明るくなり、ネザサや丈の低い野草の茂みに踏み分け道が続く。左へ緩くカーブしてからまっすぐ登れば**ツームシ山**の頂上である。

頂上から引き返して最初に出てくる**林道分岐**の標識で左折し、**ツームシ山登山口**へ向かって下る。下りたところは端辺《はたべ》原野の端で、東に明るい牧野が広がっている。

子岳からの女岳（左）と鞍岳

■鉄道・バス
公共交通機関は不可。マイカーを利用する。

■マイカー
九州道益城熊本空港ICから第二空港線（県道36号）、国道443・325号を通り、道の駅旭志の先で右折。広域農道へ入り、看板にしたがい四季の里旭志を目指す。四季の里からさらに500《メートル》で森林コース登山口に着く。所要約1時間。

■登山適期
通年可能。

■アドバイス
▽森林コース登山口近くの四季の里旭志にはレストラン、子供向け遊園施設、バンガロー、キャンプ場なども備わっている。
▽森林コース登山口から林道新山線を車で15分ほど上がれば鞍岳第一駐車場がある。そこから容易に鞍岳の頂上に立つことができ、ツームシ山にも簡単に足をのばせる。子ども連れのファミリー登山には格好のコースだ。図鑑を携行し草原の野草や樹林の野鳥を観察するのも楽しい。

■問合せ先
菊池市観光振興課☎0968・25・7223、四季の里旭志☎0968・37・3939

■2万5000分ノ1地形図
鞍岳

林道は樹林の中を緩やかに進み、上がり終えると**第一駐車場**で、右が東登山口だ。ここから鞍岳頂上までは高度差100メートルほどの楽な登りだ。途中、子岳《こだけ》と女岳に立ち寄り、再び**鞍岳**の頂上に立つ。

馬頭観音の分岐に「四季の里」を示す道標があるが、これがパノラマコースの登山道だ。途中でツームシ山とその北へのびる尾根や丸く盛り上がる鞍岳と女岳の眺望があるが、おおむね植林や雑木に覆われた展望のない長い尾根を下る。細い作業道を横切ればまもなく**パノラマコース登山口**のある林道に下り立つ。林道を500メートル歩いて**森林コース登山口**に帰着する。

CHECK POINT

1

森林コース登山口はヒノキの美林からはじまる

2

レンガづくりの祠の中に馬頭観音が祀られている。鞍岳の頂上は近い

3

ツームシ山から鞍岳方面を振り返る

4

ツームシ山から10分下り左折して林道へ向かう

5

林道を上がって第一駐車場へ来ると東登山口がある

6

鞍岳を越え馬頭観音への分岐へ着く。ここを直進してパノラマコースを下る

360度のパノラマが広がる鞍岳の頂上

11 俵山① 萌の里コース

牧野の登路で野草に親しみ明るい頂上からの大展望を楽しむ

日帰り

歩行時間＝4時間40分
歩行距離＝10.1km

たわらやま　もえのさとこーす
1095m

技術度
体力度

コース定数＝21	
標高差＝805m	
累積標高差	↗885m ↘885m

南阿蘇村・南郷谷側から眺める俵山

俵山は阿蘇《あそ》外輪《がいりん》山《ざん》の主要なピークのひとつで、熊本平野から見ると外輪山開裂部の立野《たての》火口瀬《かこうせ》を挟んで鞍《くら》岳《だけ》と相対し、大柄な山体が人目を引く。秀麗な鞍岳に対し、悠然とした山容である。中腹は放牧がなされ、牧野は春先の野焼きで保持されている。茫洋とした姿であるが、取り付きの牧野の登りは急なうえ、植林地に入れば一ノ坂と二ノ坂の急登を越えなければならず、思いのほか苦労させられる。登山口がある俵山交流館「萌の里」は四季を通じ行楽客で賑わい、雑踏を足元に残しての登高となる。

萌の里の左手の駐車場を通り、牧場に付いた登路に入る。送電鉄塔のたもとまで上がると、そこから610メートルピークまで草原の尾根筋の登りになる。急傾斜が続くので、あせらずにゆっくり進もう。**610メートルピーク**の先で牧柵を横切り、緩やかに登ると作業道に出会う。左折して作業道を進み、標高735メートルの標識の先（**作業道・一ノ坂分岐**）で右に入れば、一ノ坂・二ノ坂の急登が待っている。二ノ坂の最後は熊本地震で生じた亀裂で荒れており左斜面にトラロープを垂らした迂回路があるが、

■**鉄道・バス**
往路・復路＝熊本市街から萌の里・俵山登山口へ産交バスが運行されているが、午前中の便は登山口着が昼前なので、登山には使いづらい。マイカー利用が現実的。

■**マイカー**
九州道益城熊本空港ICから県道36・206・28号を経由して俵山交流館萌の里の駐車場へ。所要約20分。

■**登山適期**
通年可能だが、3月の野焼きのあとからが登りやすい。採草地には春から秋にかけて野の花が咲く。

■**アドバイス**
▽熊本地震で登山道に地割れが走り、作業道が土砂で埋まるなどの被害が各所に生じている。迂回路を開いてあるので、被害箇所の状況をよく見極め、少しでも危険を感じたら迂回路を利用すること。
▽登山口の「萌の里」は、地元特産の農産品・加工食品・工芸品などがそろい、地元の食材を使った田舎料理の食堂もある。併設するコスモス園では百万本の花が咲き誇る。

■**問合せ先**
西原村産業課☎096・279・3111、産交バス☎0967・62・0515、俵山交流館萌の里☎096・292・2211

■**2万5000分ノ1地形図**
立野・大矢野原

そのまま登りきり標高865メートルの標識があるピークに出る。

　この先は頂上から下りてきた尾根を登っていく。標高928メートルの標識をすぎ、植林で薄暗い1060メートル鈍頂の山腹をトラバースして平坦地に出る。目の前にススキやササに覆われた明るい頂上部の斜面が広がっている。アセビの茂みをくぐり、ススキの中をひと登りすれば俵山の**山頂広場**に着く。

　帰りは頂上から西へ向かう。雑木の灌木帯を下り、ヒノキの植林に入ると平坦な作業道になる。970メートルピーク先で作業道と分かれ左の山道へ入り、**送電鉄塔**まで下る。ここを右折すると、すぐに小《こ》森《もり》牧野へ下る作業道に合流する。

　この作業道をしばらく下ると左に送電鉄塔が見え、作業道と別れてその**鉄塔のたもと**へ。ここから真下に見える次の鉄塔目指して牧野を下り、鉄塔からさらにまっすぐに下ると作業道に出る。これを横切り、牧野の谷沿いの踏み分けをたどって行くと**萌の里**へ帰着する。

外輪の山襞に小森牧野の草原がうねる

牧野にはハルリンドウの群落を見かける

CHECK POINT

1 萌の里の駐車場をすぎ、登山道に取り付く

2 牧野から作業道に入る。車止めのクサリがあるが、人が歩くには差し支えない

3 作業道・一ノ坂分岐。左は廃道になった作業道。右に入り一ノ坂へ向かう

4 一ノ坂を上がると、今度は二ノ坂が待ち受ける

5 二ノ坂を登り865メートルのピークに上がる。ここから左へ尾根伝いに登る

6 「鉄塔を経て萌の里へ」を略記した道標が立っている。ここを左へ下る

7 送電鉄塔が立つ三叉路に出る。右へ下ればすぐに小森牧野への作業道に合流する

8 下ってきた2つの送電鉄塔を振り返る。萌の里まではあと30分ほどだ

＊コース図は42・43ページを参照。

俵山トンネル
531
573
698
28
520
扇ノ坂
阿蘇にしはらウインドファーム
俵山峠
Start Goal
12-1
702m
俵山峠展望所
WC P
585
700
風車3基
七曲
俵山雨量計
急登
849
12-2
0.30
0.20
822
目指す俵山の頂上や阿蘇五岳の展望
753
800
久木野温泉木の香湯・高森へ
標高735mの標識
作業道・一ノ坂分岐
11-3
植林帯に入る
12-3
一般・迂回コース分岐
一ノ坂
迂回路
11-4
900
966
標高928mの標識
二ノ坂
やぶの中に展望地がある
二ノ坂上部は通過注意
11-5
1.00
0.45
1000
ショートカットの道
12-4
トラバース道
1060m鈍頂
897
外輪縁の見晴らしのよい道
0.50
0.40
998
757
12-5
野の花が美しい
俵山
展望よい
1095
山頂広場
12-6
東外輪壁
急登
0.40
1.00
牛王谷川
970
11-6
882
右に作業道を分ける
898
護王峠
南阿蘇村
N
0
500m
1:25,000
891
冠ヶ岳へ

11 は11俵山①のCHECK POINT番号です
12 は12俵山②のCHECK POINT番号です
292
阿蘇グリーンヒルCC
県道28号の旧道に入り俵山峠へ
387
334
264
289
28
桑鶴
桑鶴大橋
226
288
益城熊本空港IC、熊本市街へ
大切畑
500
400
0.50
0.30
610mピーク
鉄塔
揺ヶ池弁財天
草原の尾根の急登が続く
11
1
291
660
2
0.30
萌の里・俵山登山口
290m
263
俵山交流館萌の里
604
左の作業道へ進む
WC
Start Goal
568
600
大切畑ダム
1.00
1.20
山田牧場
谷沿いの踏み分けを下る
11-8
小森牧野
作業道を横切る
大峯
408
袴野
鉄塔
作業道か山道に入
鉄塔のたもと
0.40
水
鉄塔
432
468
左の作業道へ
11-7
送電鉄
林道に出
出ノ口
西原村
317
602
554

12

広大な展望を手軽に楽しめる頂上往復の最短コース

日帰り

俵山②　俵山峠コース

たわらやま　たわらやまとうげこーす

1095m

歩行時間＝2時間20分
歩行距離＝6・2km

技術度　体力度

コース定数＝12

標高差＝393m

累積標高差　↗508m　↘508m

広い山頂広場では三々五々登山者がくつろいでいる

　俵山峠は阿蘇外輪山《あそがいりんざん》の立野火口《たてのかこう》瀬《せ》に接する北向山《きたむきやま》と俵山の鞍部にあり、西原村《にしはら》と阿蘇南郷谷《なんごうだに》を結ぶ県道28号の旧道が通っている。平成15（2003）年の俵山トンネルの開通以降は車の往来が減ったが、峠からの眺望を楽しむ行楽客は今も絶えない。峠へ続く傾斜地は風の通り道で、電源開発（株）の風車が建ち並ぶ風力発電所になっている。

　ここで紹介する俵山峠コースは、頂上までわずかの標高差で危険な箇所もなく、初心者や子ども、高齢者でも無理なく登れ、頂上ではさえぎるもののない展望が得られる、人気の高いルートだ。

　俵山峠の駐車場から東へ行くとすぐに展望所のあずまやがある。右上方に尾根が見え、登路はこれを上がっている。出だしから坂道がはじまりつらい箇所だが、10数分の頑張りである。登りきると三角点があり、背の高いススキの間をなだらかな道がのびている。振り返ると阿蘇五岳《ごがく》方面の景色が大きく見えている。前方の植林の先に見える平たい稜線は俵山の頂上だ。路面に密に生えている芝草のクッションが心地よい。

　ススキの原から植林に入ると、**一般コースと迂回コースの分岐点**がある。50メートルほど高度を稼いだ先で合流するが、どちらをとっても時間に差はない。合流地点の左には南郷谷を見渡す展望地があるが、今はやぶが茂り、気づかずに通りすぎているようだ。

　緩やかなコブをひとつ越えると登路が左右に分かれる。左は外輪縁を行く見晴らしのよい道で、右は植林の中をショートカットする。道が再び合流して外輪縁をたどっていくと、俵山の頂上が姿を現す。アセビの林の中にネザサが茂り、登路が頂上稜線に向けて上

■**鉄道・バス**
公共交通機関は不可。マイカーを利用する。
■**マイカー**
九州道益城熊本空港ICから県道206・28号を経て、県道28号の旧道に入り扇ノ坂を上がって俵山峠の駐車場へ。所要約30分。
■**登山適期**
通年可能。
■**アドバイス**
▽短時間で往復できるコースだけに、ゆっくりと草原の野花を楽しもう。野焼きのあとはまずキスミレが咲き、タチツボスミレ、ハルリンドウと続く。夏が近づくとホソバシュロソウ、カワラナデシコ、コバギボウシを見るようになり、夏の終わりにはマツムシソウ、秋はアソノコギリソウ、アキノキリンソウ、ヤマラッキョウ、リンドウなどがきれいだ。吹く風が冷たくなるとススキの穂が輝きはじめる。
▽南郷谷には温泉が多い。いちばん手近なところでは、久木野にある温泉センター木の香湯がある。
■**問合せ先**
西原村産業課☎096・279・3111、久木野温泉木の香湯（休館中）☎0967・67・2332
■**2万5000分ノ1地形図**
立野

南西側にある一ノ峯から望む俵山

がっているのが見え、登山者が緩慢に動いている。

この後は高度差100メートルの最後の登りで、ゆっくりと一歩ずつ高度をつめていく。登りきった正面には、護王峠《ごおう》のギャップから冠《かんむり》ケ岳《がたけ》へと高度を上げ、そして左へ長く続いていく南外輪の景色が広がっている。あとは右へ平坦な道を200メートルほど行けば、登山者が憩っている俵山の**山頂広場**に着く。

下りは往路を戻る。

開けた稜線から南郷谷を俯瞰する

南郷谷を向いてユウスゲが花を開く

CHECK POINT

1

俵山峠の駐車場から登山道へ入る

2

急登をすぎて三角点まで来ると、ススキの中のなだらかな道になる

3

一般コースと迂回コースの分岐。いずれも時間や労力に変わりはない

4

三叉路分岐。左は展望のよい道、右は植林の中をショートカットする道

5

俵山の頂上が姿を現す。いよいよ最後の登りに近づく

6

やっと頂上稜線まで上がってきた。右へ距離にして200メートルほどの登りで頂上だ

＊コース図は42・43ページを参照。

13

涌蓋山

頂上は九重山群を北から望む絶好の展望台

わいたさん
1500m

日帰り

歩行時間＝3時間40分
歩行距離＝7.2km

技術度

体力度

コース定数＝17

標高差＝750m

累積標高差 780m 780m

峐湯温泉最奥の駐車場。行く手に涌蓋山が姿を見せる

大分との県境に近い九重《くじゅう》山群のひとつ涌蓋山は、山群から離れているため、独立峰の感がある。優美に裾を広げる気品に富む姿は富士山《ふじさん》を連想させ、熊本側では「小国《おぐに》富士」、大分側では「玖珠《くす》富士」とよばれ、ふるさとの山として親しまれてきた。頂上には小国と玖珠の双方で祀られたうりふたつの石の祠が、少し離れておのおのの里を向いて置かれている。頂上は大分県にあり、大分の九重町《ここのえ》から4本の登山道があるが、熊本は小国町峐《はげの》湯から変化に富む登路が1本のみ上がっている。

峐湯温泉を通り抜けるところにある**駐車場**から歩きはじめる。舗装された涌蓋山林道を行き、2度大きくカーブしていくと登山者向けの広い駐車場がある。その手前に**涌蓋山登山道入口**の標識が立ち、登山道が右へ分かれている。谷川沿いに行くとトイレがあり、その先の牧場のフェンスを越えて作業道を歩く。尾根に上がり、少し先で左の牧場に入る。

頂上方面のまったりとした山稜を見上げながら牧野を登っていく。牧野の上端から牧柵を越え、アセビの茂みを抜けると**涌蓋山林道**に出る。林道を右にたどるとこの地区の治山事業を説明する大き

■**鉄道・バス**
公共交通機関は不便なので、マイカーを利用したい。タクシー利用の場合はJR豊肥本線阿蘇駅から産交バスで小国町に向かい、町の中心部から乗車して峐湯温泉方面へ向かう。

■**マイカー**
九州道益城熊本空港ICから大津町へ行き、ミルクロードを通って大観峰の手前で国道212号に入る。小国町宮原で国道387号に入り、戸井の口で案内板にしたがって右折し峐湯温泉へ行く。所要約1時間30分。

■**登山適期**
通年可能。ただし、積雪期はベテランの同伴が必要。

■**アドバイス**
▽公共交通機関利用の場合は峐湯までのアクセスが悪いので、温泉1泊の計画にすると無理がない。
▽新千円札の顔になる北里柴三郎の郷里である小国町北里に、北里柴三郎記念館がある。氏の生涯と業績を伝えるための資料が展示されている。

■**問合せ先**
小国町情報課☎0967・46・2111、産交バス☎0967・34・0211、小国タクシー☎0967・46・2350、わいた温泉組合☎0967・46・5750、北里柴三郎記念館☎0967・46・5560

■**2万5000分ノ1地形図**
湯坪

峐湯温泉の入口で涌蓋山を仰ぐ

い看板があり、その横が**涌蓋山の登山口**だ。

林床をミヤコザサが覆うカラマツ林の中に、急な登路が続いている。カラマツの背丈が低くなってくると、アセビやウツギなどの低木の茂みに変わり、さらに高度を上げると、ミヤマキリシマの株を見るようになる。

視界をさえぎるもののないネザサやススキの草原へと変わると、峐湯の湯煙はもう小さく見えるようになっている。見上げると、先に続く急登は丸い稜線に消え頂上が近いように思えるが、右上に見えている女岳《めだけ》のピークからするとまだ先は長い。

踏ん張って登り、女岳を右下に見下ろすようになると傾斜も緩み、やがて小国の石の祠に着く。ススキをかき分けて行くと、切り払われた**涌蓋山**の山頂広場に出る。正面には九重山群の主だったピークが軒を連ねる、重量感のある景観が広がっている。

帰りは往路を引き返す。

頂上は九重山群を眺める屈指の展望台である

*コース図は48㌻を参照。

CHECK POINT

登山道は右に入る。左へ曲がる林道の脇に広い登山者用駐車場がある。ここまで上がれば20分短縮できる

登山道入口から作業道を進み、分岐を左の牧場へと入っていく

涌蓋山のたおやかなスカイラインを見ながら牧野を登っていく

牧場を登っていき、林を抜けると林道に出る。ここからしばらくは林道を歩く

治山事業の看板がある涌蓋山の登山口。ここで林道と分かれ稜線の登山道へ

急登の途中で息を整える。振り返ると岐湯が小さくなっている

涌蓋山の横長い山頂広場。頂上は大分県にある

大分側を向いて建てられた祠。頂上の向こう側には熊本側の小国を向く祠がある

山ノ神集落の上にそびえるカニのハサミ岩の奇観

1

清冽な渓流と急崖の岩場、低山ながら刺激に満ちた登行

八方ヶ岳

やほうがたけ
1052m

日帰り

歩行時間＝4時間20分
歩行距離＝9・5km

技術度 ★★
体力度 ★★

コース定数	＝21
標高差	＝682m
累積標高差	↗ 993m ↘ 993m

　八方ヶ岳は菊池《きくち》市と山鹿《やまが》市の境界にあり、筑肥《ちくひ》山地と近接する。阿蘇《あそ》より古い年代の火山で、安山岩《あんざんがん》質の溶岩ドームである。岩壁と急崖で取り囲まれた山容は、名前の由来の通りいずれの方向から見ても一様に厳しい印象を与える。山麓には熊本県農村景観大賞を受賞している番所《ばんしょ》地区があり、ヒガンバナが黄金色の棚田を縁どる秋には、県内外から多くの見物客で賑わう。登山口のある矢谷《やたに》渓谷キャンプ場は平素は静かだが、夏休みの週末には子ども連れの一家やキャンプ仲間であふれ、登山道脇の渓流ではナメラの斜滝をすべり下る若い人や、度胸試しで滝つぼに飛びこむ少年たちの歓声が飛び交っている。

開放的な八方ヶ岳頂上。南の熊本平野の見晴らしがよい

　キャンプ場入口の橋を渡り、施設の間を抜け渓谷に沿って上流へ向かう。キャンプ場を過ぎてしばらく谷川沿いに進むと、広域林道に上がる。すぐに二俣となり、左の八方ヶ岳林道に入る。その先の**矢谷橋**の手前に道標があり、ここから登山道に入る。登路は暗い照葉樹林の中を、渓流沿いにのびている。

　水神の水場の冷たい湧き水を味わっていく。両岸から岩稜が迫った関門状の谷間から先は伏流になり、坂をつめ上がると**穴川越**《あながわごえ》に着く。周囲の樹相は広葉樹に変わっている。ここから右に折れて、尾根沿いに行く。溶岩ドームの急崖の中を縫った、岩場混じりの急登が続く。大岩を乗り越すと急登は終わって浅い谷から尾根に上がり、のんびりと稜線をたどっていく。

　班蛇口《はんじゃく》分岐のあるピークを越えて小さくアップダウンをくり返すと、右に山ノ神からの登路が合わさり（山ノ神分岐）、ひと登りで開けた**八方ヶ岳**の頂上に出る。

＊コース図は51ページを参照。

夏の矢岳渓谷キャンプ場

照葉樹の新緑が輝く八方ヶ岳。右はカニのハサミ岩

山ノ神分岐へ戻り、少し下ってから1025メートルピークに登る。ここから植林の中をひたすら下る。ジグザグにつけられた急な杣道を下り、左へ大きくトラバースしたら狭い谷筋に入る。ガレがつまった歩きにくい道になると、あたりは植林から灌木のやぶに変わっている。

傾斜が緩み、沢音が聞こえると**八方ヶ岳林道**に出る。林道を右にとり、カニのハサミ岩を回りこんでいくと**矢谷橋**に帰り着く。そこから往路を**キャンプ場の入口**へと戻る。

■鉄道・バス
山鹿市内にタクシー会社があるが、マイカーの方が便利。
■マイカー
九州道益城熊本空港ICから県道36号、国道443・325号で菊池市を経て、山鹿市鹿本町来民で県道9

CHECK POINT

1 キャンプ場から渓谷を遡ると広域林道に出る

2 広域林道から左折して八方ヶ岳林道に入る

3 矢谷橋手前から谷川沿いに登山道がのびている。帰路は右の林道を下りてくる

4 沢をつめ上がると穴川越に着く。ここを右折し岩場のあるルートを登る

5 頂上から山ノ神分岐へ下る。そこを左折して八方ヶ岳林道へ下っていく

6 八方ヶ岳林道にある登山口。右に進み、カニのハサミ岩の基部を巻いて下る

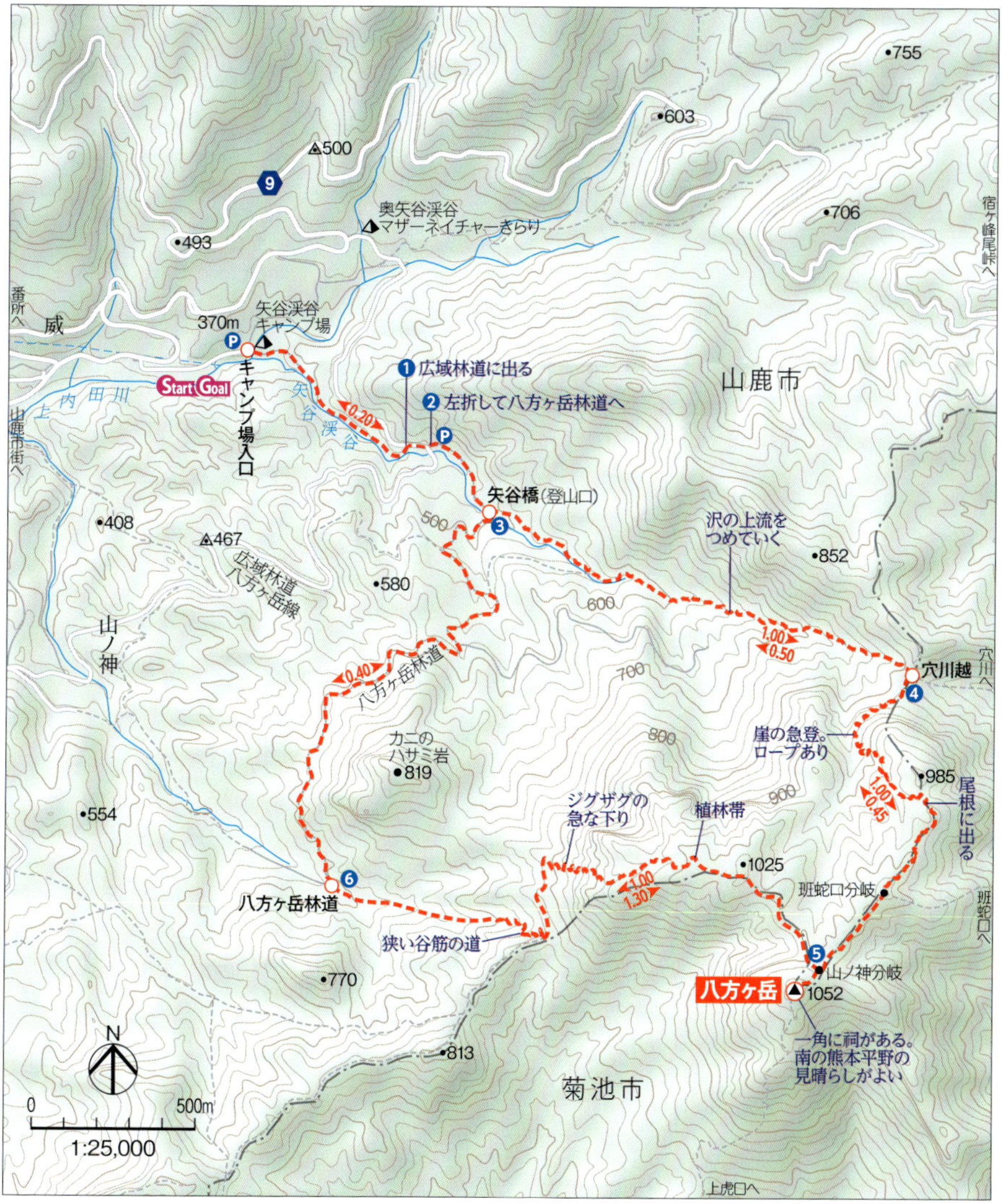

号に入り矢谷渓谷キャンプ場駐車場へ。所要約1時間20分。

■登山適期

新緑、夏の渓谷の涼味、紅葉と一年を通じて魅力がある。登山口近くの山鹿市番所集落の棚田がヒガンバナで華やぐ9月中旬もおすすめ。

■アドバイス

▽八方ヶ岳林道起点から矢谷橋の登山口までの間には、道路脇に点々と都合10台ほどの駐車スペースがあり、キャンプ場を迂回して車で上がってくることもできる。

▽穴川越から上部の急登は、道幅は十分にありロープも設置されているので不安はないが、谷側は切れ落ちた箇所が多いので慎重に行動する。

▽ここで紹介したコースのほかに、よく登られているものでは、東面の班蛇口コースと、南面の上虎口（かみこく）コースがある。いずれも広域林道八方ヶ岳線の菊池側から取り付き、1時間前後の急登に喘ぐコースである。

■問合せ先

山鹿市商工観光課☎0968・43・1579、山鹿タクシー☎0968・44・1000、鹿本観光タクシー☎0968・46・3000、第一交通産業（タクシー）☎0968・46・3333

■2万5000分ノ1地形図

八方ヶ岳

15 国見山

くにみやま
1018m

三国山の宿ヶ峰尾不動尊を訪ね筑肥山地の最高峰を登る

日帰り

歩行時間＝5時間
歩行距離＝7・1km

技術度

体力度

コース定数＝**18**

標高差＝218m

累積標高差 651m 651m

南方の矢谷山ノ神から国見山（左）と三国山の稜線を展望する

やせ尾根のシャクナゲ群落。4月末に淡いピンクの花を付ける

熊本・福岡県境をなす筑肥《ちくひ》山地は低い里山の連なりだが、大分県境に近い国見山が唯一1000メートルを超える高度となる。低山とはいえ、麓の山鹿《やまが》市菊鹿《きくか》町内田《うちだ》から眺める三角錐の山容は美しく、登高欲をそそられる。3県境（熊本・福岡・大分）が接する東隣の三国《みくに》山《やま》（994メートル）と1000メートル弱の稜線でつながり、その狭い岩稜の尾根ではシャクナゲが咲いている。

宿《しゅく》ヶ峰《がみね》尾《お》峠には宿ヶ峰尾不動明王の額が掛かった鳥居があり、そこが三国山の**登山口**である。鳥居をくぐってコンクリート敷きの坂道を上がると、すぐに不動尊の社がある。社の右から植林と広葉樹が混じった中を行く。大きく育ったアセビが群生する小ピークに出ると、木立の先に三国山が間近に見える。頂上へ向かう吊尾根にはやせた箇所もあり、トラロープが下がっている。たどり着いた**三国山**の頂上は狭く展望は悪い。

頂上からなだらかな尾根を西へ少し進み、北側の急な斜面を50メートルほど下る。下り終えて緩やかな起伏を越えていくと、福岡県側の矢《や》部《べ》の山口《やまぐち》集落の分岐がある。**鬼《おん》ノ洞《どう》分岐**までは登り勾配となり、分岐のすぐ先に954メートルと記された白い樹脂の柱がある。小ピークを越え、見上げるような急坂を頑張って登り、やせた稜線に上がる。振り返ると今たどってきた宿ヶ峰尾峠から続く稜線と、その先に酒《しゅ》呑童子山《てんどうじさん》が見えている。

小さくアップダウンするやせ尾根をたどっていく。縦走路の脇に1箇所狭い露岩があり、上に立てば八方ヶ岳《やほうがたけ》をさえぎるものなく望むことができる。ただし切り立っているので、岩の上に上がる際は慎重に行動したい。

やせ尾根が終わり、平坦になった登路を行くと三叉路の**国見山登山口分岐**に出る。右へ下る尾根には鹿北《かほく》の茂田井《もたい》からの登路があり、国見山へは左へ進んでいく。だらだらと尾根道を行くと大きい岩稜が現れ、左の基部を巻いていく。10メートルほどの岩場にトラロープの捨て縄があるのでそこから稜線に上がり、そのままやせ尾根を行くと、まもなく**国見山**の頂上に着く。狭いうえ、視界はきかない。

帰りは往路を戻る。

CHECK POINT

1 宿ヶ峰尾不動尊の鳥居。ここが三国山の登山口になる

2 宿ヶ峰尾不動尊の社。シャクナゲの大きい株に花がほこっている

3 三国山の頂上。名前通り熊本・福岡・大分の3県の境となる

4 展望が開ける989メートルピーク。振り返るとたどってきた稜線が目で追える

5 縦走路脇の露岩に上がると360度の展望があり、八方ヶ岳も全景が見える

6 国見山と三国山、茂田井登山口の三叉路。国見山へ平坦な尾根を行く

7 頂上手前の岩場の乗り越し。ホールドは豊富で、捨て縄も下がっている

8 国見山の頂上。立木に囲まれて展望は得られない

■鉄道・バス
山鹿市内にタクシー会社があるが、マイカーの方が便利。

■マイカー
九州道益城熊本空港ICから県道36号、国道443・325号で菊池市を経て、山鹿市鹿本町来民で県道9号に入り、矢谷渓谷を経て宿ヶ峰尾峠へ。わずかな駐車スペースがある。所要約1時間30分。

■登山適期
通年可能。シャクナゲの花期は4月の終わり頃で、行程中ほどのやせ尾根に多く見られる。不動尊の社の脇には大きく育った株がある。

■アドバイス
▽コース中はおおむね視界は閉ざされているが、行程中ほどのやせ尾根からは八方ヶ岳や酒呑童子山などの眺望を楽しめる。
▽国見山のトラロープは2箇所あり、登山者が多いときは、手前が登り用、奥が下り用に使い分けるようになっている。
▽麓の相良観音の近くには、特別天然記念物のアイラトビカヅラの自生地がある。

■問合せ先
山鹿市商工観光課☎0968・43・1579、山鹿市内のタクシー会社は51ページ「問合せ先」を参照。

■2万5000分ノ1地形図
宮ノ尾

菊池川河畔から小岱山を見る

16 小岱山

なだらかなよく整備された遊歩道でファミリーハイクを楽しむ

日帰り

しょうだいさん
501m（筒ヶ岳）

歩行時間＝5時間
歩行距離＝11・8km

技術度
体力度

コース定数＝22
標高差＝459m
累積標高差 ↗908m ↘908m

小岱山は玉名《たまな》市と荒尾《あらお》市の境界に連なる山体の総称である。最高所の筒ヶ岳《つつがたけ》でも500《メートル》そこその低山だが、平地に囲まれ、とくに西は有明《ありあけ》海に臨んでおり、さえぎるもののない良好な展望が得られる。筒ヶ岳、観音岳《かんのんだけ》、丸山《まるやま》と続く主稜線には九州自然歩道が通り、自然歩道へ向けて東西から多くの登路が上がってきている。南麓には玉名市の蛇ヶ谷《じゃがたに》公園があり、小岱山一帯が市民の憩いのフィールドになっている。山体は1億年前に形成されたという花崗岩からなり、「筒ヶ岳の巨石」や「唐《から》渡《と》岩」などあちこちに浸食に耐えた岩が露出する。巨岩には伝説をもつものもあり、興味深い。中腹から主稜線にかけて照葉樹の緑陰が濃く、自然に浸ることができる。

小岱山の主峰・筒ヶ岳頂上

蛇ヶ谷公園最奥の展望所から笹《ささ》千里《せんり》の登山道に入る。宮尾金毘羅《みやおこんぴら》宮《ぐう》の大岩を右上に見送り、緩やかな起伏をたどると**笹千里駐車場**に出る。駐車場を横切って進み、ツツジの植栽地の中を通り抜けると**丸山**の展望所に着く。左手間近にこれから登る観音岳が見える。

■鉄道・バス
往路・復路＝JR鹿児島本線玉名駅から産交バスで蛇ヶ谷公園前へ。登山口まで徒歩約10分。駅から徒歩の場合は約2・5《キロ》・約40分。

■マイカー
九州道菊水ICから県道6号、国道208号で蛇ヶ谷公園へ。所要約15分。公園内各所に駐車場あり。

■登山適期
四季を通じて老若男女・ファミリーがハイキングを楽しんでいる。ただ低山だけに、幼児や高齢者は夏季の日盛りには入山を避けたい。

■アドバイス
▽主稜線を通る九州自然歩道へ上がるコースは10数本あるが、荒尾市側のコースがよく利用されているようだ。いずれも1時間前後で主要ピークや自然歩道に達するので、種々コースを組み合わせて1日楽しむことができる。
▽蛇ヶ谷公園から玉名市内方面へ500《メートル》ほど行くと玉名温泉がある。泉質はラジウム単純泉。無色透明で肌がつるつるになる美人湯。宿泊施設以外に公衆浴場も1軒ある。

■問合せ先
玉名市ふるさとセールス課☎0968・73・2222、玉名温泉観光旅館協同組合☎0968・74・2961、産交バス☎0968・57・0100

コース上部の巨岩のひとつ・唐渡岩。観音岳から西へ下った場所にある

途中で白い手すりのある階段が出てくるが、急な等間隔の階段登りが苦手な人には、左の通常の山道をおすすめする。細くなった尾根を進み、短い急登をひと登りして広い**観音岳**の頂上に着く。西に、荒尾市街と有明海に浮かぶ雲仙岳《うんぜんだけ》が見渡せる。広場には三々五々登山者がくつろぎ、奥には質素な観音堂が立っている。

筒ヶ岳へ向かうと、すぐに九州北部の著名な7座が見えるという七峰台《ななほうだい》の露岩がある。平坦な尾根を行くと、照葉樹に包まれた筒ヶ岳が木立の間に見え隠れしてくる。荒尾展望所を左に見送り、キラズ谷鞍部の急なギャップを越え、薄暗い林の中に登下降をくり返す。

案内板の立つおむすび形の筒ヶ岳巨石が現れると、やがて小岱山の主峰・**筒ヶ岳**の頂上に出る。頂上広場には荒尾野原庄《のばらのしょう》の領主・小代《しょうだい》氏が築いた筒ヶ岳城跡の碑や地蔵尊の祠がある。展望は大牟《おおむ》田《た》・荒尾方面に広がっている。

帰りは往路を戻る。

■2万5000分ノ1地形図
玉名

ゴールデンウイーク明けには丸山のピークの手前はツツジの花が満開になる

CHECK POINT

蛇ヶ谷公園の入口。公園の最高所まで園内を上がる

笹千里駐車場。マイカーの場合はここまで入れる

照葉樹林の中を平らな道がのびていく

ベンチがある丸山の頂上。東に木葉方面が見える

広々とした観音岳の頂上は休憩には好適地

観音岳から少し先に露岩が並ぶ七峰台がある

17

二ノ岳・三ノ岳

日帰り

古人の篤い信仰心をとどめる素朴な祠の残る2つのピークへ

にのたけ　686m
さんのたけ　682m

歩行時間＝3時間5分
歩行距離＝5・8km

技術度

体力度

コース定数＝**14**
標高差＝296m
累積標高差　↗674m　↘674m

南東の峠の茶屋近くから見る二ノ岳（左）と三ノ岳

熊本市西部の金峰山《きんぼうざん》一帯は、阿蘇《あそ》より古い古琉球《こりゅうきゅう》火山帯の金峰火山であり、二ノ岳と三ノ岳はその外輪部とされている。裾野から中腹にかけて果樹の栽培が盛んで、とくにミカンは金峰山地区とあわせ「河内《かわち》みかん」のブランドで国内有数の出荷量を続ける。それぞれの頂上から申し分のない眺望が得られ、二ノ岳では、西に有明《ありあけ》海に浮かぶ雲仙岳《うんぜんだけ》が見え、北には均整のとれた三角形の三ノ岳の姿が美しい。三ノ岳では、南の広場から経ヶ岳《きょうがたけ》や雲仙岳、天草下島《あまくさしもしま》が、東の祠から熊本平野とスケールの大きい阿蘇の展望を得ることができる。

二ノ岳頂上にある観音を祀った祠

野出《のいで》バス停そばにあるガソリンスタンドの右横から矢印にしたがい、集落の中を登っていく。「二ノ岳・三ノ岳・福徳寺《ふくとくじ》登り口」の標識から山道がはじまる。孟宗竹林を斜上し、照葉樹林の中を登る。「ホット一息エビネ坂」の看板の先で廃道になった林道を横

■**鉄道・バス**
往路・復路＝桜町バスターミナル（熊本市電辛島町電停から徒歩2分）から温泉センター行きの産交バスで峠の茶屋下車、芳野さくら乗合タクシー（要予約）に乗り換え野出へ。

■**マイカー**
JR上熊本駅前から県道1号、峠の茶屋で県道101号へ。JA芳野支店から町道へ入り、野出公民館まで行く。所要約25分。公民館の先に登山者向けの駐車場あり。トイレは公民館を利用できる。

■**登山適期**
通年可能。

■**アドバイス**
▽野出登山口へ戻るショートカットコースを紹介する。三ノ岳から二ノ岳登山口へ戻り、そのまま林道を進む。二ノ岳登山口から約1キロ先に三叉路があり、右の「三ノ岳林道186支線」に入る。車止めのクサリが張られているが、しっかりした舗装道がのびている。舗装から砂利道に変わると、すぐに胸付き八丁坂の下の登路に出る。二ノ岳登山口からここまで30分ほどで着く。
▽野出公民館から町道をさらに40メートル行くと、野出峠の茶屋公園がある。夏目漱石の句碑が立ち、その先に雲仙岳が間近に見える。小説『草枕』に登場する峠の茶屋は、金峰山麓の茶屋か、あるいはここにあった

切ってひと登りで「胸付《むなつ》き八丁《はっちょう》坂」に着く。坂の取り付きに、「距離80メートル・平均斜度32度・標準タイム3分」と表示してある。自分の所要タイムと比べてみよう。

尾根に上がり、平坦になった道をしばらく行くと、丸太の階段が続いているのが見えてくる。これが頂上への最後の登りである。狭い頂上に上がると観音様の祠があり、その先に**二ノ岳**の標識が立っている。

三ノ岳を目指し、ヒノキの植林の中の急な丸太の階段を下る。下り終えると植林と照葉樹林とのコンタクトラインに、幅広い山道が続いている。雑木林となり緩やかになった道を行くと、舗装された林道に出る。これを300メートルほど行くと、三ノ岳の登山道が右へ上っている。前半は緩い傾斜で楽に行けるが、丸太の階段が現れると急登に変わる。階段が終わり露岩の間を縫って登るようになると、いよいよ頂上は近い。

4等三角点のある**三ノ岳**の頂上は雑木に覆われている。頂上東側の一段低い石垣の台座の上には、3基の石づくりの祠がある。

帰りは往路を戻る。

茶屋のいずれかといわれている。

■問合せ先
熊本市西区河内総合出張所☎096・276・1111、産交バス☎096・325・1121、芳野さくら乗合タクシー☎080・8375・4527（予約番号）

■2万5000分ノ1地形図
伊倉・植木・肥後船津・熊本

CHECK POINT

野出バス停そばのガソリンスタンド右横が登山口。坂道を上がり、道標を確認しながら集落を抜けていく

野出の集落を通り抜け、「二ノ岳・三ノ岳・福徳寺入口」の標識から二ノ岳への山道がはじまる

二ノ岳から下って作業道を行くと、右に三ノ岳の登り口がある

三ノ岳頂上手前の広場から二ノ岳方面を振り返る

三ノ岳の頂上には、東を向いて並ぶ石仏の祠が立っている

二ノ岳の頂上からは有明海に浮かぶ雲仙が見える

18 さるすべりの急登で熊本市民の「ふるさとの山」の頂に立つ

金峰山

きんぽうざん
665m

日帰り

歩行時間＝2時間35分
歩行距離＝6.6km

技術度
体力度

コース定数＝12

標高差＝438m

累積標高差 486m 486m

震災前の熊本城から金峰山(中央・右は荒尾山)を望む

熊本平野の西に位置する金峰山は、阿蘇《あそ》火山形成以前に噴出した金峰火山の中心にある溶岩ドームである。天長9（832）年に奈良の金峰山蔵王《ざおう》権現から勧請し、頂上に神社を建立したことが山名の由来という。熊本市民にふるさとの山として親しまれ、距離は短いながらも岩間をぬって急斜面が続く「さるすべり道」は、初心者に昂揚と達成感をもたらす登山入門の場となり、また心と体の健康づくりの格好のトレーニング場になっている。そして、車道が頂上近くまで通じているため、登山者を上回る数の人たちが手軽に頂上に上がり、景色を楽しんでいる。

峠の茶屋公園の駐車場から田舎料理を出す茶店風の食堂をくぐって階段を上がれば、復元された「峠の茶屋」がある。峠の茶屋の裏の道路に上がって、往時の峠の茶屋の井戸跡をすぎ、竹林の間を抜けて車道に出る。**大将《たいしょう》陣《じん》橋**の先から傾斜がきつくなる。

S字カーブをすぎると左に別荘地があり、まもなく金峰山神社の大きな**鳥居**の前に出る。鳥居をくぐりクロガネモチの並木を抜けると、「さるすべり交差四合目」の看板がある。ここは岩場混じりの急登が頂上直下まで続くさるすべり道と九州自然歩道の分岐で、直上するさるすべり道に、斜行する九州自然歩道がジグザグをくり返しつつ九合目まで交差していく。

さるすべり道を登り終え、車道を横切って階段をひと登りで金峰山神社が建つ**金峰山**頂上だ。

神社の裏手に回り、テレビ塔の中を通り抜けて北廻り登山道に入る。ヒノキの美林を下り、**金峰山**

■鉄道・バス
往路・復路＝桜町バスターミナル（熊本市電辛島町電停から徒歩2分）から産交バスで峠の茶屋公園前へ（約20分）。

■マイカー
JR上熊本駅前から県道1号経由で峠の茶屋公園へ。所要約10分。峠の茶屋公園の駐車場に登山者の駐車を指定した案内図がある。位置は峠の茶屋の一段上の通路脇にあり、峠の茶屋を起点とする場合はそこに駐車する。ほかに大将陣橋の手前や、金峰山神社鳥居横の金峰山第一駐車場など駐車場は多い。いずれも無料。

■登山適期
通年可能。

■アドバイス
▽さるすべり道と九州自然歩道の両者の登降時間はほぼ変わらないので、体力にあわせて選べばよい。頂上をピストンで往復する場合は、登りはさるすべり道、下りは自然歩道の組み合わせがよいだろう。
▽金峰山周辺では晩年の5年間を細川家に仕えた宮本武蔵の事績を訪ねることができる。兵法書『五輪書』は西麓の岩戸にある霊巌洞に籠って著したとされる。熊本市西区島崎の島田美術館には、山水画「枯木鳴鵙図」や吉岡切りとよばれる刀「金重」など武蔵ゆかりの品々が展示されている。

頂上中央に建つ金峰山神社社殿

北登山口手前にある仁王像

第二駐車場の奥にある下山口に入る。ひと下りして、**金峰山林道**を横切る。

クスノキが並ぶ急な坂道を下って作業道を横切ると、手入れの行き届いた杉林になる。杉林の出口近くには、両脇に天保10（1839）年に祀られた2体の**仁王像**《におう》が立っている。**富塚**《とみづか》**の集落**に入って右折していくと、左から草枕《くさまくら》の道が合流する。

ここから草枕の道を**大将陣橋**経由で**峠の茶屋公園**へ戻る。

CHECK POINT

1 起点の峠の茶屋公園の茶店。マイカーであれば一段上の登山者用駐車場へ

2 大将陣橋の三叉路。正面の坂道を上がる。復路は右の草枕の道を帰ってくる

3 金峰山神社の鳥居。ここをくぐってさるすべりの急登へ向かう

4 四合目のさるすべり交差点。右がさるすべり道、左は九州自然歩道。この先何度も交差しながら頂上へ

5 頂上のテレビ塔をあとに北登山口へ向けて下っていく

6 金峰山林道まで下ると第二駐車場がある。下山口は駐車場を横切った先にある

7 金峰山林道を横切って植林の中を下る。入口は夏草が茂っていることがある

8 仁王像をすぎるとすぐに鳥居があり、北登山口の標識が立っている

9 富塚集落の交差路。ここを右折して往路の大将陣橋へ向かう

■問合せ先
熊本市観光政策課☎096・328・2111、産交バス☎096・325・1121、島田美術館☎096・352・4597
■2万5000分ノ1地形図
熊本・肥後船津

19

洞が岳

山中に権現社がある厳めしい顔立ちの山

ほらがたけ
997m

日帰り

歩行時間＝3時間5分
歩行距離＝3・5km

技術度
体力度

コース定数	＝13
標高差	＝567m
累積標高差	610m / 610m

森閑とした洞ヶ嶽神社の境内

京丈山《きょうのじょうやま》（64ページ参照）から北へのびる尾根は、茂見山《あざみやま》を経て洞が岳のピークの先で一気に緑《みどり》川の谷間に落ちこんでいる。国道218号を砥用《ともち》から矢部《やべ》へ向かうと、三角に尖った山に視線が引きつけられる。このドームのように切り立った山が洞が岳である。中腹に洞ヶ嶽神社があり、山の名前の元になっている。山容から予想されるように登路は急勾配で、とくに神社と展望台の間は難路が続く。

東峰からの京丈尾根方面の展望

起点の**山出《やまいで》浄水場**の横を、コンクリート舗装の林道が上がっている。地形図にはまだ記載されていない最近できたもので、洞ヶ嶽神社の近くまでのびている。浄水場からこの林道を150㍍ほど行くと道標があり、登山道は左のスギの植林の中に入っていく。よく整備された植林の中を、緩急を2度くり返して登っていく。途中に水場があり、冷たい湧き水が得られるが、雨が少ない時期は涸れることもある。

植林を登り終え、浄水場から上がってきた林道を横切ると、まもなく**洞ヶ嶽神社**の領域になる。太い枝を張った老杉が立ち、奥に鳥居と社殿が見えてくる。照葉樹の薄暗い森に覆われて周囲には大岩が点在し、厳かな雰囲気である。

登路は神社の左側を通り、背後

■鉄道・バス
公共交通機関は不便。マイカーを利用する。

■マイカー
九州道御船ICから御船町を経て、国道443号、国道218号を進み緑川ダムを渡る。県道153号を美里町夏水集落まで行き、そこから山出林道へ入る。同町山出集落の入口には右に上がる細い車道があり、それを300㍍行けば山出浄水場がある。一段下の空き地に7～8台駐車可能。所要約50分。

■登山適期
3～11月。

■アドバイス
▽やや難路だが、洞が岳の東峰から稜線通しに茂見山へ行ける。往復3時間30分見ておけばよいだろう。茂見山からさらに30分で柏川林道に着き、京丈山の第3登山口がある。
▽洞ヶ嶽神社から急傾斜の山腹を斜上して小尾根を登りきるまでの間は、足場が不安定で手でつかむ支点も少ない。照葉樹が落葉する4・5月は、足場が隠れ照葉樹の落葉はすべりやすくもあるのでとくに注意を要する。スリップすると転落につながりかねないので、技術度を にしている。また、雪が降れば高度のアイゼンワークを要する箇所であるため、冬季は登山適期から外している。

■問合せ先

美里町畝野から見上げる洞が岳。中腹に権現社があり地元では権現山ともよんでいる

の急斜面を登っていく。そして岩場や急崖を避けるようにして、左上方へと迂回していく。浅いガレ谷が次々に入りこむ急傾斜の山腹を、踏跡とテープを確認しながら斜上していくと小尾根に出る。この小尾根を登り、ガレ谷を横切ってから山腹を登りつめると鞍部に上がる。

美里町砥用庁舎☎0964・47・1111、第一タクシー砥用営業所☎0964・47・0172

■2万5000分ノ1地形図

畝野

右へ細い尾根を5分行くと、岩のテラスの**展望台**に出る。傍らに「大正5年」と刻された石づくりの祠がある。眼下に緑川ダムの湖面と、遠くには熊本平野が見える。

鞍部へ戻り、最後の登りを頑張れば**洞が岳**の頂上である。三角点のある頂上は木立に囲まれて展望は悪いが、アカマツが並ぶ稜線を東へ5分ほどたどり、標高1000《メートル》ピーク（**東峰**《とうほう》＝仮称）まで行くと、南側の展望が開ける。手前に茂見山、その向こうに京丈山から雁俣山《かりまたやま》へ続く尾根が見える。

帰りは往路を引き返す。

CHECK POINT

1 山出浄水場の下の空き地に車を停めてスタートする

2 文字の消えかけた案内板がある。ここで左の杉林へ

3 植林を登り林道に上がると法面に歩道がついている

4 展望台には洞ヶ嶽神社上宮の祠と山ノ神の碑がある

5 展望台からは緑川ダムが遠望できる

6 木立の中の洞が岳頂上

20 目丸山

めまるやま
1341m

頂上稜線に残る自然林の中で早春にカタクリが花を開く

日帰り

歩行時間＝6時間30分
歩行距離＝8・2km

技術度
体力度

コース定数＝**25**	
標高差＝782m	
累積標高差	↗977m ↘977m

美里町遠野から望む目丸山。丸い頂上部が特徴だ

国見岳《くにみだけ》（76ページ参照）からのびる京丈尾根《きょうのじょう》に、京丈山で分かれて目丸山から馬子岳《まごだけ》へ続く支脈がある。稜線は緩やかに起伏をくり返したあと、馬子岳の岩稜で一気に内大臣川《ないだいじん》へ落ちこむ。目丸山は古代中国人が美人を形容した峨眉を思わせる、優美な丸い姿をしている。頂上近くまで植林が迫っているが、なだらかで長い頂上稜線には落葉広葉樹林が残り、大きいブナやヒメシャラなどが枝を張っている。頂上一帯は京丈山や雁俣山《かりまたやま》と並ぶカタクリの群生地で、平素はひっそりとした森も、早春には花を訪ねる登山客が行き交う。だが、近年カタクリの株数が少なくなったように感じられる。気候変動の影響もあるかもしれないが、保護柵にしたがい、生息地に入らないよう心掛けなければならない。

馬子岳登山口がある西内谷《にしうち》の橋の手前から谷川沿いに入ると、登路はすぐに右の急な斜面を上がっていく。急登をすぎて左に曲がり、涸れ沢に渡された木橋を越えて鞍部に出ると、**馬子岳の直登ルート**が右へ分れている。進路は直進する一般ルートをとる。

植林の中を馬子岳の山腹に沿って進む。時おり、右手に馬子岳の高い側壁が杉林の隙間に見える。道標は立っていないが、スギの幹に巻かれたピンクのテープが目印で、これを忠実に追っていく。

植林を抜けて沢を横切り、その先で尾根に上がる（**屈曲点**）。そこから右へ進路を変えて尾根通しに登っていくが、途中から登路は谷川に下りて沢筋を伝うようになる。今は土砂が流れこんでいるが、伐採前はナメラの続く美しい沢であったろう。これをつめ上がった鞍部に**目丸・馬子の分岐**がある。ここを左へ行き、2つのコブを越え3つ目のコブで青石登山口《あおいし》のルートと合流する（**青石登山口分岐**）。この間は踏跡がわかりにくいが、テープが短い間隔でつけられ

頂上稜線の落葉広葉樹林

■**鉄道・バス**
公共交通機関は不可。
■**マイカー**
九州道御船ICから国道445・443・218号を行き、美里町金木の

CHECK POINT

西内谷を30㍍入り、右の植林の中の急登に取り付く

馬子岳とのルートの分岐。スギの根元に道標があり、一般ルートは直進する

谷川を越えて尾根に上がり、右へ進路を変え尾根伝いに登っていく

沢をつめ上がった鞍部に目丸山と馬子岳の分岐がある。左が目丸山だ

青石登山口分岐。頂上へは一度鞍部へ下りてから稜線の登りにかかる

目丸山の頂上部で昼の日差しを浴びるカタクリ

ており、確認しながら進む。とくに2つのコブでは進行方向が変わるので注意する。

青石登山口分岐からいったん下り、登り返していくと周囲は深い落葉広葉樹の自然林となり、傾斜が緩むと**目丸山**の頂上である。ゆっくり休んだら、往路を戻る。

交差点の先で右折して緑川に架かる内大臣橋へ。内大臣林道へ入りチッソ発電所から1・5㌔ほど行くと、馬子岳登山口がある西内谷に着く。橋を渡った先に4台分ほどの駐車スペースがある。所要約1時間15分。

■登山適期
通年可能。カタクリの開花は4月下旬。

■アドバイス
▽熊本地震で損壊した青石林道が復旧したので、青石登山口から容易に頂上を踏める。所要時間は2時間40分で、グレードは技術度、体力度である。
▽内大臣林道は崖崩れなどが起きやすく、従来から台風や豪雨のあとは通行が規制されることが多かった。今回の熊本地震でダメージを受けているので、入山する際は道路状況の確認をしておいたがよいだろう。
▽馬子岳直登ルートは難コースで、熟練者の技量が必要。頂上まで1時間30分はみておきたい。このルートを下る場合は15㍍ほどザイルを必要とする箇所がある。目丸・馬子分岐から馬子岳を往復するには1時間強を要する。

■問合せ先
山都町山の都創造課☎0967・72・1111

■2万5000分ノ1地形図
畝野・緑川

21

原生林の尾根を経て頂上から遠く熊本平野を望む

京丈山

日帰り

きょうのじょうやま
1473m

歩行時間＝5時間40分
歩行距離＝12・3km

技術度
体力度

コース定数＝**23**

標高差＝643m

累積標高差 ↗825m ↘825m

夕日に染まる樹氷の京丈山

頂上から北面の熊本平野を遠望する

京丈山頂上。4月ならカタクリの花が見られる

脊梁《せきりょう》の盟主・国見岳《くにみだけ》から分かれて西へ張り出し、秘境・五家荘《ごかのしょう》を北から包む尾根を京丈尾根という。熊本平野の南に高さ1000メートルから1300メートルほどの長い壁が、脊梁山脈の前衛のようにして連なって見える。その京丈尾根の最高所が京丈山である。冬に熊本平野から見える樹氷をまとう尖った三角の姿は、この尾根の中でもひときわ目立って見える。

ハチケン谷登山口に車を置き、ワナバノ谷まで林道を歩く。ワナバノ谷左岸の細い踏み分けが**ワナバノ谷登山口**である。二俣《ふたまた》まではほぼまっすぐの登りとなる。左下に沢音を聞きながら杣道をたどる。水線と交わるところで右岸へ渡り、枝沢に沿って植林を少し登ったあと、本流沿いに向きを変えて植林の中を登っていく。植林か

■鉄道・バス
公共交通機関は不便。マイカーを利用する。

■マイカー
九州道御船ICから国道445・443・218・445号経由で美里町・八代市泉町境の二本杉峠へ。峠を越えて八代市二合で左折して林道に入りハチケン谷登山口へ。所要約1時間。冬季は美里町早楠～二本杉間は積雪に注意、滑り止めは必携。積雪の状況により通行止めになることもある。

■登山適期
通年可能。頂上近くには石灰岩層があるためヤマシャクヤクを見かける。またカタクリでも知られ、春先は花を訪ねる登山者が多い。頂上一帯は落葉広葉樹の原生林が残り、若葉・紅葉も美しい。

■アドバイス
▽美里町の緑川ダムから柏川林道を上がれば柏川第一登山口・同第二登山口がある。さらに上部に茂見山からのびてきた登路もあり、こちらからはより短時間で頂上に立てる。

■問合せ先
八代市泉支所☎0965・67・2111、美里町砥用庁舎☎0964・47・1111、第一タクシー砥用営業所☎0964・47・0172

■2万5000分ノ1地形図
葉木

ら二次林になると裸地化してザレ場となった箇所がたびたび現れ、踏跡が消えた不安定な斜面をトラバースする。

涸れ谷を横切りスズタケの中を行くと両岸が狭まり、小滝や瀑流の連なる浅いゴルジュが現れる。トラロープ伝いにゴルジュを抜けると、石灰岩の明るい平坦な谷となる。**二俣**に着き、右俣を進む。

「**最後の水場**」の白い看板（文字は消えかかっている）まで来ると、谷を離れて植林の登りになる。右へ100㍍斜上したあと左へ向きを変え急登を行くと、作業道京丈線に出る。これを横切り、さらに植林の山腹を登ると鞍部に出て、ここから稜線を行くようになる。すぐに植林は終わり、京丈山の頂上まで原生林が続いている。**平家**《へいけ》**山**《やま》**分岐**までは急登が続く。分岐に上がって左折し、緩やかに起伏をくり返す尾根をたどると**京丈山**の頂上にたどり着く。

帰路は西の雁俣山《かりまたやま》へ続く尾根をたどる。今登ってきた道を少し戻り、右折して植林の中を下る。稜線のカルスト地形の岩間を抜け、天然林と植林のコンタクトラインを下ると**雁俣山分岐**に着く。ひと下りして林道に出て（**京丈山登山口**）、**ハチケン谷登山口**のゲートまで林道をたんたんと下る。

CHECK POINT

ハチケン谷入口のゲート。少し先の空き地に駐車しワナバノ谷まで林道を歩く

ワナバノ谷入口は夏草が覆うことがあるが、少し入ればしっかりした道になる

最後の水場。看板から右へ曲がる

平家山分岐。京丈山へは稜線を左に進む。右の道は平家山方面へ続いている

雁俣山分岐は鞍部にT字路がある。左折して植林の中をハチケン谷へ下りる

看板がある京丈山登山口。ここからハチケン谷入口までは単調な林道歩き

22

手軽に登ることができる早春の花の名所

雁俣山

かりまたやま
1315m

日帰り

歩行時間＝2時間40分
歩行距離＝6.7km

技術度

体力度

北の方角から見る重々しい風貌の雁俣山

九州脊梁の盟主・国見岳《くにみだけ》から派生する京丈尾根《きょうのじょう》は20キロを超える長さがあり、熊本方面から見ると九州脊梁《せきりょう》の前衛のようにして東西に連なっている。その長い尾根のうち、最初に目を引くピークが漢字の「山」の形をした大柄な雁俣山である。雁俣山の肩には五家荘《ごかのしょう》の北の玄関口にあたる二本杉峠《にほんすぎ》がある。登り口の美里《みさと》町早楠《はやくす》から曲がりくねった細い車道を高度差700メートル上がって峠に着く。ここに雁俣山の登山口があり、短時間で頂上を踏める。時期には春の花の代表のカタクリ、ヒカゲツツジ、シャクナゲなどが楽しめる。

細長い雁俣山の山頂広場

登山口は東山本店の旧店舗の横にある。すぐに**黒原《くろばる》分岐（下）**に出会う。頂上は左、直進すれば黒原へ行く。帰路は黒原からここへ戻ってくる。

スズタケの中に土留めの丸太の階段が上がっている。三叉路では左へ行き、1250メートルピークを水平に迂回して北側へ回りこむと、カタクリの保護区域となる。その先から斜度が増し、**黒原分岐（上）**を右に見送って急坂を登り、**雁俣山**の頂上へ。北には熊本平野、南には五家荘の山並みが見渡せる。

コース定数＝**12**

標高差＝225m

累積標高差 ↗538m ↘538m

■鉄道・バス
公共交通は不便。マイカー利用。

■マイカー
九州道御船ICから国道445・443・218・445号を通って二本杉峠の駐車場へ。所要約1時間。冬季は美里町早楠～二本杉間は積雪のため滑り止めは必携。積雪の状況により通行止めになることもある。

■登山適期
通年可能。

■アドバイス
▽カタクリの開花は4月下旬。群生地は北側斜面にあるので、陽を受ける午後のほうが花弁を大きく開いた姿に出会える。
▽黒原の民家の周りはご主人の丹精により春の花が咲き誇る。とくにゴールデンウィーク直後に裏山を豪華に埋め尽くすシャクナゲは見事だ。シャクナゲのあとはキリシマツツジの濃い紅が庭先を飾っている。
▽二本杉峠の東山本店では五家荘の伝統食品を販売している。豆腐の味噌漬けやヤマメの姿煮など、山地の保存食は独特の風味をもっている。

■問合せ先
美里町砥用庁舎☎0964・47・1111、第一タクシー砥用営業所☎0964・47・0172、東山本店☎0965・67・5302

■2万5000分ノ1地形図
葉木

両側の山腹が切れ落ちたほぼ同じ高度の尾根が頂上から東へ続き、その上に縦走路がのびている。

登路の方向が右へ変わると、スズタケの茂みの中の急な下りになる。残置ロープを頼りに下り終えると、スズタケが混じる二次林や植林となる。緩やかにアップダウンをくり返しながら稜線をたどっていく。時おり黒原へ注ぐ沢の源頭が右手に口を開いている。

三叉路（京丈山分岐）に出ると、右の植林に黒原・二本杉へ行く踏み分けがある。そのまま稜線を行けば京丈山方面だ。植林やアカマツの中を下って大岩の裾を巻き、山野草が植栽された斜面を下ると、1軒の民家がある**黒原の集落**に出る。

車道を少し下り、道標にしたがい右折する。谷川を渡り、植林の中を緩やかに登ると出がけに通った**黒原分岐**（**下**）に出会う。

あとは往路を**登山口**へ戻る。

黒原の民家を取り囲むシャクナゲ群落

CHECK POINT

二本杉峠の雁俣山登山口。東山本店旧店舗の脇から入っていく

頂上までの間、黒原分岐が2つある。ここはそのひとつ目。頂上は左へ

分岐からしばらく進むとブナやミズナラを見るようになる。スズタケの林床に階段が続く

1250^{メートル}ピーク前の三叉路。左はカタクリ群生地を通る。直進はショートカット道

雁俣山はカタクリの群生地として知られ、登路途中に保護区域がある

雁俣山のまな板を立てたような稜線を行くと、捨て縄をかけた岩稜がある

京丈山分岐の三叉路。右に折れて植林に入り黒原へ向けて下る

黒原から車道を下ると二本杉方面を指す道標がある。右へ進み植林を斜めに登る

雁俣山の頂上から大金峰を望む

大金峰からはスズタケを払いながら進む

23

九州自然歩道を通り、大金峰から鐘峰の古名をもつ小金峰を往復

大金峰・小金峰

おおがなみね 1396m
こがなみね 1377m

日帰り

歩行時間＝5時間20分
歩行距離＝12・7km

技術度
体力度

コース定数＝23
標高差＝326m
累積標高差 908m 908m

美里町・八代市境の二本杉峠《にほんすぎ》の南から五家荘《ごかのしょう》の葉木《はぎ》と仁田尾《にたお》を分ける尾根が南にのび、末端は五家荘中心の椎原《しいばる》で川辺川《かわべ》に落ちこんでいる。この尾根に大金峰と小金峰のピークがある。呼称は表題の通りだが、地元でも「だいきんぽう・しょうきんぽう」とよぶようになってきた。山域はほぼ植林で占められ、幾分再生林が見られる人工の森である。大金峰登山口から頂上まで登ると、それから先は小金峰の突起まで起伏の少ない稜線の漫歩となる。

大金峰登山口の駐車場奥にある階段を登る。植林をすぎ小さい谷川を2つ渡ると、尾根の登りになる。ロボット雨量計跡の空き地まで来ると傾斜が緩む。右にアカマツの林を見送って進むと、「西《にし》の岩《いわ》」の古い道標がやぶに埋もれている。緩やかに登っていくと、砕石で舗装された作業道が横切っている。林道福根《ふくね》西の岩線から最近のびてきた作業道で、この先でも登山道と交差する。

植林から二次林に変わり、スズタケで視界が閉ざされた登路を進むと、十字路のある切り開かれた広場に出る。ここから**大金峰**の頂上まで5分の登りである。

広場へ戻り、小金峰へ向かう。アセビやスズタケの中をなだらかに下っていくと、植林の尾根道になる。2度杣道が左へ分岐し、入りこまないように注意書きが掲示してあるが、注意書きが外れてしまうと迷いかねない場所だ。

再びスズタケの茂る視界のない登路になり、福根分岐まで下る。

■鉄道・バス
公共交通機関は不便。マイカーを利用する。

■マイカー
九州道御船ICから国道445・443・218・445号経由で二本杉峠へ。峠を越えて少し下り、右の西の岩へ行く道に入る。すぐにヘアピンカーブがあり、左が10台ほどの駐車スペースのある大金峰登山口だ。所要約1時間。冬季は美里町早楠～二本杉間は積雪に注意、滑り止めは必携。積雪の状況により通行止めになることもある。

■登山適期
通年可能。

■アドバイス
▽登山のあとに五家荘の山峡をめぐり、八代市仁田尾にある栴檀轟（せんだんとどろ）の直瀑や左座（ぞうざ）家屋敷、葉木の梅ノ木轟など周囲の名所に立ち寄れば、山のみやげ話になる。

■問合せ先
八代市泉支所☎0965・67・2111、第一タクシー砥用営業所☎0964・47・0172

■2万5000分ノ1地形図
葉木

梅ノ木轟から鐘の形をした小金峰を仰ぐ

植林や二次林に囲まれ展望のない大金峰頂上

ここにはかつてベンチや案内板があったが、今はやぶに覆われて踏み分けも消えている。**攻《せめ》分岐**まで緩やかに登り返す。攻分岐から小さいピークを２つ横切ると新しい作業道が出合い、これを３００㍍たどって本来の登路に戻る。

植林の中を下っていくとチャートの大岩があり、冷たい湧水が流れ出している。**朴の木分岐**から急坂を登ると**小金峰**頂上だ。頂上からの視界は狭いが、東に上福根山や烏帽子岳《えぼしだけ》が近くに見えている。

帰りは往路を戻る。

CHECK POINT

1 大金峰登山口と駐車場。正面の階段から取り付く

2 大金峰の頂上への広場の分岐。頂上へは5分ほど

3 攻分岐。小金峰は左へ進む。右へ行けば廃村になった攻へ下る

4 近年延伸された作業道で登路が変わっている。しばらく作業道を伝う

5 朴の木分岐(小金峰登山口)。左折して小金峰へ最後の急登を上がる

6 急登に喘いで小金峰の頂上に到着する。東側の視界が開けている

24

鮎の瀬新道の急登を越えて頂上のヤマシャクヤクの花園へ

天主山

てんしゅざん
1494m

日帰り

歩行時間=5時間
歩行距離=9・4km

技術度 ■■□□□
体力度 ■■□□□

コース定数=**23**
標高差=911m
累積標高差 ↗1081m ↘1081m

天主山の頂上付近ではヤマシャクヤクのお花畑が広がる

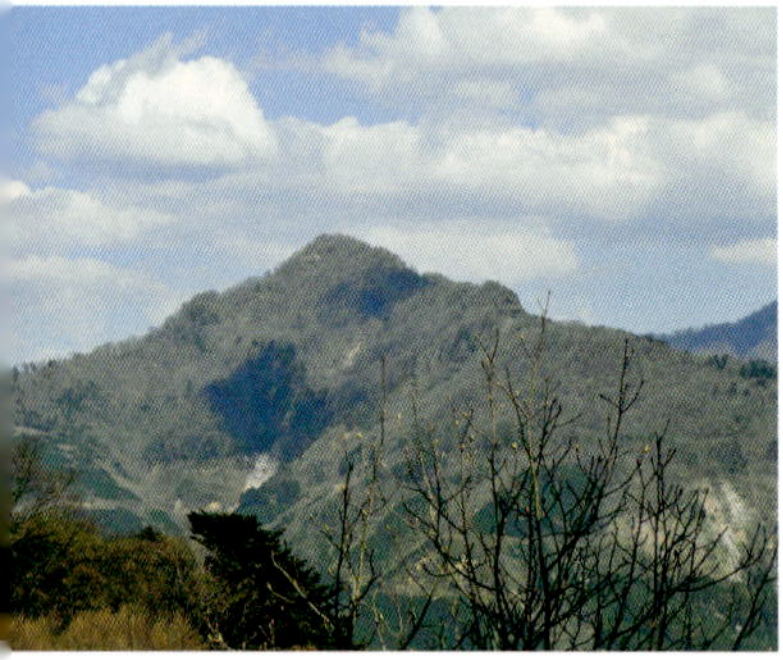

冬枯れの天主山

　天主山は、向霧立越《むこうきりたちごえ》の切剥《きりそぎ》から西へ派生する短い尾根にあり、内《ない》大臣《だいじん》川と鴨猪《かもしし》川に挟まれている。頂上一帯はヤマシャクヤクが好む石灰岩からなり、九州脊梁《せきりょう》の中でも1、2を争う群生地だ。また他所では見ることの少ないヒゴイカリソウに出会える山でもある。

　山名はキリスト教に由来する。キリシタン大名・小西行長《こにしゆきなが》の治下に矢部《やべ》でもキリスト教が布教され、信徒は4千人に達したといわれる。矢部統治の拠点であった愛藤《あいとう》寺《じ》城には教会があり、城跡から十字架を刻んだ瓦が出土している。緑《みどり》川の険谷をへだてた向かいの山にゼウスが住むと崇め、そこを「天主山」とよぶようになったという。

　菅《すげ》第一号橋先のトラロープの**車止め**を越え、鴨猪川に沿って林道を歩く。鉄柵の車止めの手前で右の作業道へ入り100㍍行くと、尾根の末端にロープの下がった**天主山の登山口**がある。ここから鮎《あゆ》の瀬《せ》新道に取り付く。登路はアカガシの古木などが並ぶ濃密な照葉樹林に覆われ、薄暗い中、急登が続く。落葉樹が混交しはじめ、ブナの巨木の脇を抜けるのを合図に、落葉広葉樹の明るい森に変わる。左手にスギの植林が見えてくると、ようやく傾斜が緩む。

　ツガの大木の間を抜けると、**天**

■鉄道・バス
公共交通機関は不可。

■マイカー
九州中央道山都中島西ICから国道445・443・218号などを通り、旧矢部町から鮎の瀬大橋へ向かう。橋を渡り、左折して県道153号を500㍍行くと、右に菅林道へ通じる道が上がっている。鴨猪川に架かる最初の橋が菅第一号橋で、その先100㍍でトラロープが張られ通行止めとなっている。右に林道が分かれており、往来を妨げないように駐車スペースを探す。所要約1時間。

■登山適期
通年可能。ヤマシャクヤクの開花は5月中旬。ヒゴイカリソウは5月上旬が見ごろ。

■アドバイス
▽菅林道は熊本地震を契機に損壊が続き、それで通行止めになっているが、復旧の目処が立っていない。今後状況が悪化することもありうるので、通行には注意が必要だ。
▽頂上から東の鞍部（1402㍍）まで足をのばすと、ヤマシャクヤクの群落のほかヒゴイカリソウ、ラショウモンカズラなども見かける。

■問合せ先
山都町山の都創造課☎0967・72・1111

■2万5000分ノ1地形図
緑川

広くて明るい天主山の頂上

主の舞台に着く。正面に天主山の頂上が見える。ここからいったん50㍍ほど下り、尾根筋に続く登路を登り返す。大きいブナやミズナラ、ツガ、モミなどが樹冠を占め、低木層をコブシやミツバツツジが彩っている。

一夜畑《いちやはた》から上がってくる尾根と交わると、**小松**《こまつ》**神社コースの分岐**に着く。この先に50㍍ほどの胸を突くような急登がある。捨て縄や木の根をつかんで登り小さいピークに上がると、石灰岩が露出したカルスト地形が頂上方面に続いている。ここからヤマシャクヤクの群生地となり、保護策の囲いに挟まれて山腹を登っていく。

登りつめると**天主山**の山頂広場で、北には矢部の谷間に点在する家並みが見え、東にのびる稜線を少し行くと、南に国見岳《くにみだけ》の端正な姿を間近に見ることができる。

頂上をあとに往路を戻る。

CHECK POINT

1 熊本地震後は菅第一号橋の先で車止めになっている。右の崖や足元の路肩など状況に目を配って登山口へ

2 天主山登山口には尾根の法面に捨て縄が垂れている

3 天主の舞台の手前まで来ると、ツガの大木が並んでいる

4 天主の舞台からは天主山の頂上が指呼の間に見える

5 天主の舞台からいったん鞍部へ下り、自然林の中を登り返していく

6 一夜畑から上がってくる尾根と合流する場所に小松神社コースの分岐がある

25 黒峰

霧立越からのびる尾根筋の最北端に位置する閑静なピークへ

日帰り

くろみね
1283m

歩行時間＝2時間40分
歩行距離＝8・5km

技術度

体力度

コース定数＝14
標高差＝393m
累積標高差 ↗612m ↘612m

おおたいら牧場跡からの黒峰。北の山腹に残る黒い自然林が山名の由来を想起させる

草地で展望のよい黒峰頂上

黒峰の頂上に咲くツツジ

黒峰は、宮崎県の五ヶ瀬川《ごかせ》と熊本県の緑川《みどり》の分水嶺にある。この尾根は黒峰を最初のピークとして南へのび、一ノ瀬越《いちのせごえ》でいったん高度を落としてから再び隆起し、小川岳《おがわだけ》から霧立越《きりたちごえ》へつながっている。頂上近くまで林道が入り自然の気配は希薄だが、頂上北面には原生林が残り、頂上では春にはツツジやニシキウツギの花が、秋には一ノ瀬越へ少し下った場所にマユミの赤い実が彩りを添えている。

十字路の**登山口**の空き地に車を置き、逆方向になるが、まず不動峰《ふどうみね》（950メートル）に立ち寄る。10分で三叉路になり、右へ進んで左に回りこむと第2広場がある。広場は北側の視界が開け、阿蘇山《あそさん》の眺めがよい。さらに100メートル行くと鉄パイプの手すりのついた遊歩道があり、階段を200段ほど登り降りしていくと、不動峰の狭い露岩の裾に出る。**不動峰**の頂上のすぐ下には「清和《せいわ》村デジタルテレビ中継所」がある。頂

■鉄道・バス
山麓の鎌野へは山都ふれあいバスがあるが、登山には適さない。

■マイカー
九州中央道山都中島西ICから国道445・218号を通り、道の駅清和文楽邑から県道153号へ。山都町鎌野の県道153号が直角に曲がるところに「黒峰不動峰」の標示板があり、県道から分かれ林道に入る。ヘアピンをくり返しながら悪路を上がり、県道から3・5キロ、標高890メートルまで来ると標識のある小さい十字路に出る。所要約50分。ここは黒峰と不動峰との分岐で、今回の登山口とする。

■登山適期
通年可能。

■アドバイス
▽黒峰登山口には林道の進行方向をトンギリ山と指す消えかかった道標があるが、林道は少し先で終わり、それから踏跡は荒れた急斜面の中に消失している。
▽緑仙峡近くの山都町栗藤集落から一ノ瀬越を経由して頂上を目指すこともできる。登り1時間35分、下り1時間15分を要す。

■問合せ先
山都町清和支所☎0967・82・2111

■2万5000分ノ1地形図
緑川

上を踏んだら、来た道を**登山口**まで引き返す。

黒峰の方へのびる林道は舗装が続き車で行けるが、このまま歩く。塩ビパイプからチョロチョロこぼれている水場をすぎると、植林を抜け明るく開けた**おおたいら牧場跡**に出る。牧場の中を右に回りながら登っていくと、正面に黒峰が姿を現す。頂上から西側の山腹には人手が入った様子が見えるが、山名からすると昔は原生林が黒々と茂っていたのだろうか。

牧場をすぎると舗装が終わる。なだらかな二次林の中、平坦な林道が続いていく。林道は2万5千図に記されているより、もっと先までのびている。左に表示が消えた古い標柱が立つ**黒峰登山口**から、黒峰への山道がはじまる。登路は、北側の原生林と西側の植林・二次林のコンタクトラインに続く、スズタケの中を登っていく。

林を抜けると、草付きの丸い見晴らしのよい**黒峰**の頂上に出る。頂上からの展望は良好で、南にはトンギリ山の先に小川岳から霧立越の向坂山《むこうざかやま》へ連なる山並みが見え、北には阿蘇が煙を吐き、広大な南外輪山《がいりんざん》が裾野を拡げている。

帰りは往路を戻る。

黒峰からの霧立越方面。トンギリ山(中景右)、小川岳(左)、向坂山(右)と続く

CHECK POINT

1 県道153号上の鎌野にある、黒峰不動峰に上がる林道入口

2 黒峰の登山口。左が黒峰へ行く林道。右に行けば不動峰へ続く

3 不動峰の入口。この先に手すりの付いた階段が上下しながら続く

4 黒峰の西の尾根に向かって林道がのびている。周りは明るい二次林だ

5 林道上の黒峰登山口から左の尾根に取り付く

26

緑川源流・緑仙峡奥の静かな尾根歩き

小川岳

おがわだけ
1542m

日帰り

歩行時間＝6時間40分
歩行距離＝17・0km

技術度

体力度

コース定数＝**32**

標高差＝872m

累積標高差 ↗1399m ↘1399m

北西の赤木集落の外れから望む小川岳

霧立越《きりたちごえ》の向坂山《むこうざかやま》から北へ派生し熊本と宮崎の県境をなす尾根は、黒峰《くろみね》のピークを最後に緑《みどり》川と五《ご》ヶ《か》瀬《せ》川の源流域へ落ちこんでいる。その尾根に大きく隆起し、ひときわ目立つ頂が小川岳である。中腹まで植林が入りこんでいるが、頂上一帯には自然林が残っている。

栗藤《くりふじ》登山口の登山道標識を見て、集落の間を登っていく。5分ほどで再び標識があり、登路は作業道から別れて右に入る。石垣の果樹畑跡地を抜けると、植林の中の登りになる。最近の強い雨で林床が流されて踏跡が不明瞭になっている箇所に再三出合い、よく見極めて進む。稜線に上がり左へ行くと**一《いち》ノ瀬《せ》越《ごえ》**に着く。

鞍部途中からのトンギリ山

樹林に囲まれ静かな小川岳頂上

ひと息ついてトンギリ山の肩に上がり、**トンギリ山**の頂上を往復する。肩に戻り、県境の稜線をたどっていく。送電塔の前後でやぶがかぶさり道の不明瞭な箇所があるが、稜線から外れないように進めばすぐに踏み分けが出てくる。アカマツが多い1188㍍のピークを越えると尾根が二分し、登路は右に曲がり鞍部へ下っていく。鞍部を少し登り返し、平坦になった道を行くと**黒峰分岐**に着く。

左に折れて小川岳へ向かう。

■鉄道・バス
登山口のある栗藤へは山都ふれあいバスがあるが、登山には適さない。

■マイカー
九州中央道山都中島西ICから国道445・443・218号を走り、旧矢部町をすぎて交鶴バス停から橋を渡り緑仙峡へ向かう。山都町尾野尻で県道153号から町道に入り栗藤集落まで行く。所要約1時間。栗藤バス停そばに登山道標識と2〜3台分の駐車スペースがある。

■登山適期
通年可能。

■アドバイス
▽熊本を撤退して人吉へ向かった西郷軍は、一ノ瀬越を越えて日向の地に入ったという。西郷隆盛がこの峠で大休止を取り鞍岡へ下っていったと、道案内をした地元民の伝承が残されている。
▽小川岳から五ヶ瀬スキー場のある向坂山まで稜線通しの快適な登路が付けられている。中間部に立ち並ぶブナの眺めは壮観で、遠見ヶ岩からは向坂山と三方山の吊尾根の眺めがすばらしい。片道1時間10分。

■問合せ先
山都町清和支所☎0967・82・2111、山都ふれあいバス☎0967・72・1214

■2万5000分ノ1地形図
緑川・国見岳

植林を登り広い稜線に上がると、落葉広葉樹の自然林になる。1372㍍ピークの左を迂回してから稜線に上がり、なだらかな登下降をくり返して1410㍍の展望台に出る。スズタケを抜け、露岩が混じる急なやせ尾根を登って傾斜が緩むと、ほどなく丸い小広い**小川岳**の頂上に到着する。立木に囲まれ展望は得られない。

黒峰分岐まで戻り、舞岳《まいだけ》集落の小川岳登山口へ向かう。分岐からわずかに行った左下に水場がある。登路はしばらく尾根をたどったあと左に下っていき、朽ちた導水管の管理道に降り立つ。水平に続く管理道を行き、放棄された開拓地をすぎジグザグに下ると、登山受付ポストと駐車スペースのある広場に出る。そのまま作業道を下ると**小川岳登山口**に出る。

そこから舞岳、赤木《あかぎ》、尾《お》ケ分《がわけ》と点々とある小村を通り、**栗藤登山口**まで車道を歩く。

CHECK POINT

1 栗藤登山口。ここから山側の民家の間を上がっていく

2 栗藤の集落をすぎ栗畑の間を登ると、右に登山道の標識が立っている

3 西郷隆盛休息地の碑が立つ一ノ瀬越。左の道は約20分で黒峰の頂上へ

4 黒峰分岐。小川岳へは左の植林を上がる。帰りはここを直進して舞岳集落へ

5 植林を抜けると気持ちのよい落葉樹の林となる

6 5台ほどの駐車スペースがある広場。一角に登山受付ポストがある

7 舞岳集落の小川岳登山口へ下り立つ。ここから栗藤登山口まで長い車道歩き

8 赤木集落の入口に着いた。車道歩きの中間点で、栗藤へは右の道へ入る

27

国見岳① 烏帽子岳・五勇山

くにみだけ えぼしだけ・ごゆうざん 1739m

脊梁の盟主を南から西へ長い稜線をたどって周回する

日帰り

歩行時間＝7時間
歩行距離＝13・1km

技術度 2/5
体力度 2/5

コース定数	=30
標高差	=809m
累積標高差	↗1247m ↘1247m

霧立越の白岩山から国見岳（右）と小国見岳を遠望する

日本三百名山の国見岳は九州脊《せき》梁《りょう》山地の中央にあり、熊本県の川《かわ》辺《べ》川と緑《みどり》川、宮崎県の耳《みみ》川がここを源として東西に流れ下り、有明海と太平洋に注いでいる。泰然とした山容で、標高も脊梁中最高位だけに、脊梁の盟主の名にふさわしい。頂上からは視界をさえぎるものはなく、まさに山名の「国を見る」の通り、360度の展望を堪能できる。林道

■鉄道・バス
公共交通機関は不可。

■マイカー
九州道御船ICから国道445・443・218・445号、県道159号で八代市泉町へ。樅木の八八重（はちはえ）集落で樅木林道へ入り、終点手前の烏帽子岳登山口へ。所要約1時間40分。

■登山適期
3～11月。周回する稜線は自然林が豊かに残っており、新緑・紅葉の時期はさわやかな大気の中で充実した一日をすごせる。とくにゴールデンウィーク前後の烏帽子岳から五勇山の稜線では、新緑の中にシャクナゲの赤・オオカメノキの白・ミツバツツジの紫が彩りを競う、みずみずしい春景色を満喫できる。

■アドバイス
▽それだけではなかなか登りに来ない、五勇山や小国見もあわせて登る周回コースとしている。烏帽子岳まで登れば、あとは距離こそ長いが、登下降の少ない稜線歩きになる。所要時間はあまり変わらないが、逆回りの方が体への負荷は少なく感じるだろう。
▽国見岳の頂上には東と西に白いチャートの岩座があるが、これは古代人が自然崇拝の祭場とした神籬（ひもろぎ）の痕跡といわれている。現在、東の台座には天孫降臨の社殿が

小国見の斜面を国見岳との鞍部へ下る。正面に国見岳の頂上の社が小さく見える

と伐採が奥深くまでおよび、樹相は中腹まで植林が優勢だが、京丈《きょうのじょう》尾根や椎葉越《しいばごえ》から五勇《ごゆう》山《ざん》へ続く稜線などには原生林が残っていて、四季それぞれの自然のめぐりを楽しめる。

五勇谷橋手前200メートルにある**烏帽《えぼ》子岳《しだけ》登山口**から取り付き、植林の山腹を登る。**標高1300メートル付近**で進路が東（左）へ曲がり、尾根通しに進んでいく。

植林帯が終わり急斜面をひと登りすると、ブナやミズナラなどが茂るなだらかな原生林に入る。原生林を抜けると、スズタケの尾根になる。尾根を登りきるとシャクナゲの群生地となり、烏帽子岳の頂上まで群落が続く。

烏帽子岳の頂上に出たら、五勇山を目指して東へ進む。5分ほどで椎葉越への登路が右へ分かれ、さらに5分ほどで小ピークがあり、そこから北方に国見岳の端正な山容が見える。

シャクナゲの林を大きく下ったあと、「展望岩屋《いわや》」の看板に出会う。シャクナゲをかき分けて露岩に上がると、南から東にかけて視界が開け、五勇山やその彼方には扇《おうぎやま》山が遠望される。

五勇山手前の1620メートルの小ピークから、椎葉村最奥の尾手納《おてのう》の集落が擂鉢の底に固まっているように見える。

＊コース図は80・81ページを参照。

建っている。

▽五家荘は平家伝説や菅原道真の子孫伝説で知られる九州の「隠れ里」であった。源氏の追手を逃れた平家の3人は、脊梁の白鳥山に住み、それぞれ久連子（くれこ）、椎原（しいばる）、葉木（はぎ）に住み着いた。また菅原道真の一党である左座（ぞうざ）氏は鎮西に下り、この地に入って仁田尾（にたお）、樅木の集落に定住したという。五家荘は、この5つの集落の総称である。

■問合せ先
八代市泉支所☎0965・67・2111

■2万5000分ノ1地形図
葉木・国見岳

小国見の原生のブナ林が若葉に輝いている

国見岳の頂上近くに咲く満開のシャクナゲ

スズタケに囲まれた穏やかな坂を登ると、烏帽子岳と国見岳、椎葉の三叉の分岐点に出る。**五勇山**の頂上標識はそこから10㍍先の小さい広場に立っている。

五勇山から50㍍ほど高度を下げたあと、ブナの大木が並ぶほぼ平坦な稜線歩きになる。山肌全体がスゲ属と思われる背の低い下草で覆われた、木立のまばらな明るい斜面になると、1678㍍ピークの登りがはじまる。

登路はじりじりと高度を上げたあと、ピークを避けて西の山腹をトラバースしながら小国見《こぐるみ》との鞍部へ続く。小国見の東斜面には伐採を免れた森閑とした原生林が広がり、その中を国見岳との鞍部まで登路が下っている。途中、小国見の頂上へ行く短い登路が左に上がっている。頂上へは往復10分ほどなので、足をのばしてこよう。

鞍部からいよいよ最後のつめになる。頂上手前のシャクナゲ林に三叉路があり、下山で利用する五勇谷橋からの登路が左から合わさる。そこからひと登りで**国見岳**の頂上に着く。

展望を満喫したら三叉路まで戻り、右の五勇谷橋を目指して下山する。巨木が林立する原生林の中を行き、1580㍍ピークの先で急斜面を下っていく。

傾斜がなだらかになると「ヒメシャラ8兄弟」が現れ、やがてモミが目に付くようになる。1409㍍ピーク直下に**三叉路**があり、右（樅木《もみき》登山口へ）は杉林の中のたんたんとした下り、左（新登山口へ）は急勾配を下る。ここは右の歩きやすいコースをとる。

シモダイラコバ谷まで下ると、林道上の**樅木登山口**に下り立つ。

林道を左に進み、**新登山口**を通りすぎて五勇谷橋を渡ると、森林管理署所管の車止めフェンスがある。それを越えると、すぐに**烏帽子岳登山口**に帰着する。

新椎葉越方面から見る烏帽子岳(左)と五勇山を結ぶ稜線

国見岳からの下りはブナやミズナラの巨木の林を抜ける

展望が広がる国見岳頂上に建つ天孫降臨の社殿

CHECK POINT

1 五勇谷橋の手前にある烏帽子岳登山口。ここから植林の中を登る

2 自然林を登るようになると、芽吹く前の樹木の間に国見岳が姿を見せる

3 烏帽子岳の頂上から丸い白鳥山が見えている

4 五勇山手前の1620メートルピークから南面の尾手納の村落を俯瞰する

5 国見岳と烏帽子岳、尾手納集落への道を分ける五勇山の三叉路

6 国見岳頂上直下の三叉路。帰路はここから西の樅木登山口へ下る

7 樅木登山口(旧登山口)へ下ったら、林道を五勇谷橋まで歩く

8 林道上の新登山口。先にある以前の新登山口は廃道となっている

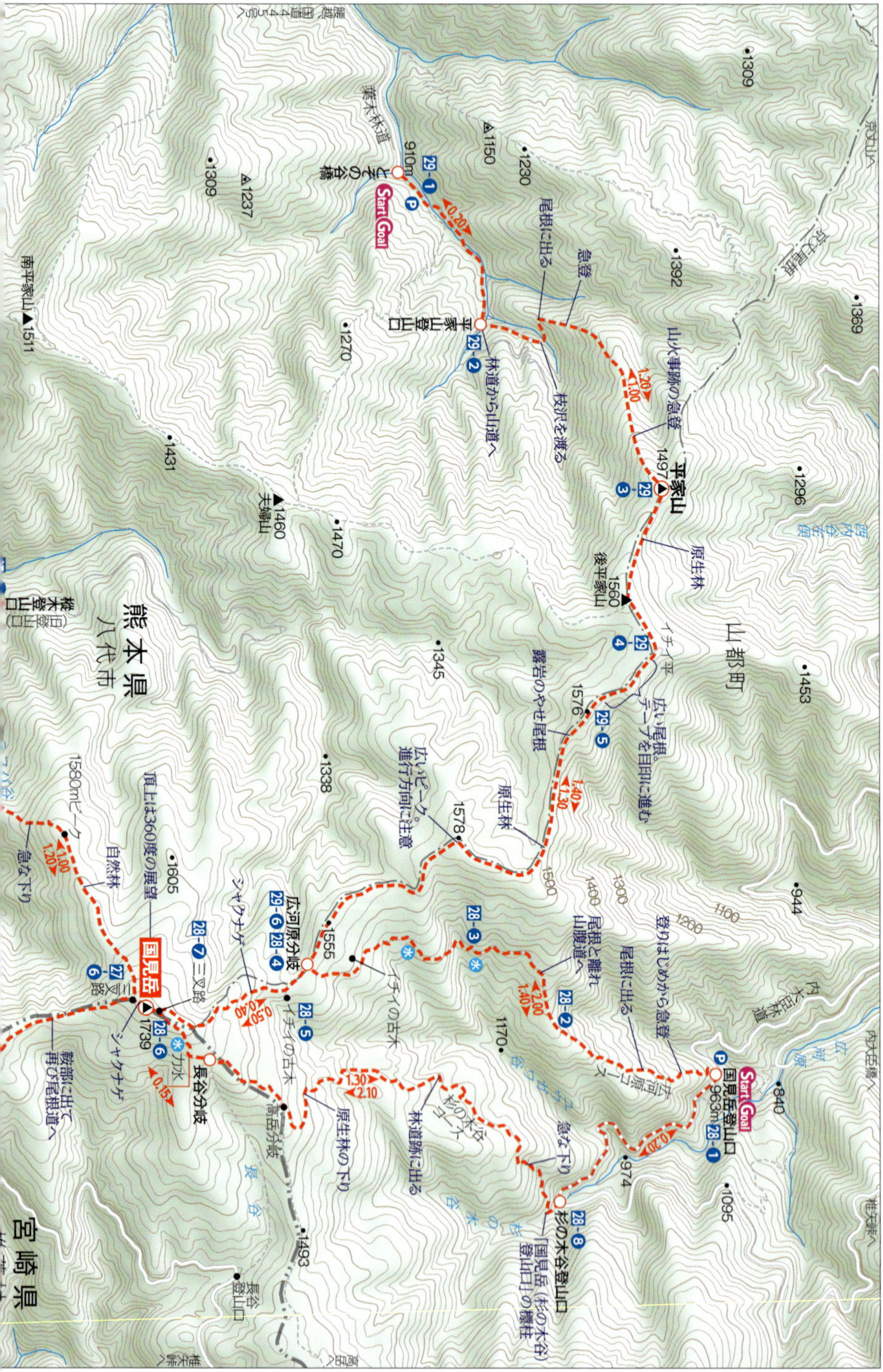

平家山
1497
後平家山
1560
国見岳
1739
五勇山
広河原分岐
長谷分岐
高岳分岐
杉の木谷登山口
国見岳登山口
963m
とぞの谷橋
910m
平家山登山口
熊本県
八代市
宮崎県
山都町
Start Goal
尾根に出る
急登
山火事跡の急登
林道から山道へ
枝沢を渡る
原生林
イチイ平
広い尾根。テープを目印に進む
露岩のやせ尾根
広いピーク。進行方向に注意
尾根と離れ山腹道へ
登りはじめから急登
イチイの古木
原生林の下り
林道跡に出る
急な下り
頂上は360度の展望
自然林
1580mピーク
急な下り
シャクナゲ
三叉路
鞍部に出て再び尾根道へ
「国見岳（杉の木谷登山口）」の標柱
杉の木谷コース
広河原コース
夫婦山
1460
南平家山
1511
京丈山へ
内大臣林道
内大臣橋へ
樅木登山口
長谷登山口

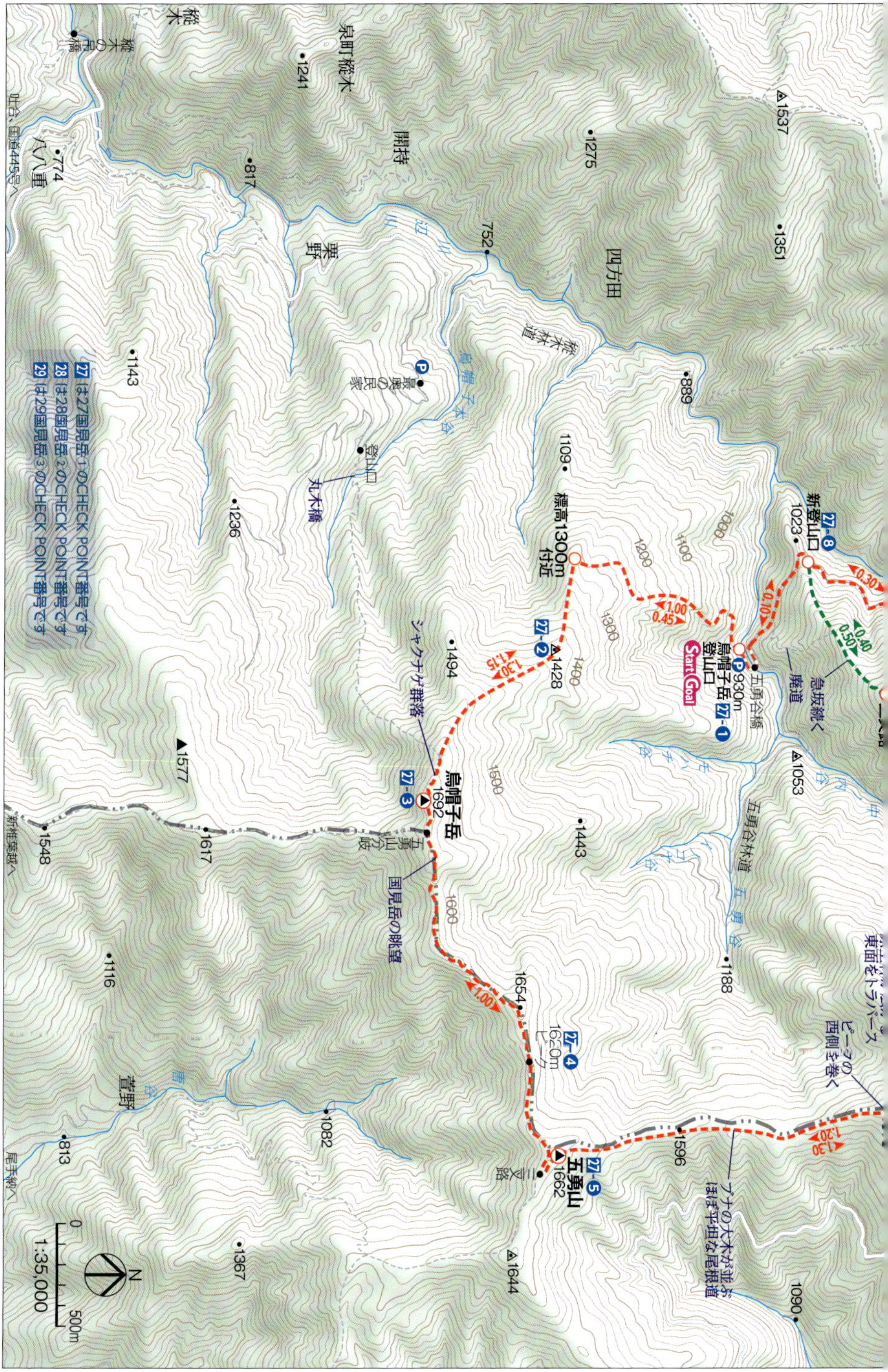
縦木の吊橋
縦木
泉町縦木
1241
吐合、国道445号へ
八八重
774
開持
817
1275
1537
栗野
辺川
752
四方田
1351
縦木林道
889
最奥の民家
烏帽子本谷
登山口
丸木橋
1143
1236
1109
標高1300m付近
27-8
新登山口
1023
急坂続く
廃道
五勇谷橋
烏帽子岳登山口
930m
27-1
Start Goal
1494
27-2
1428
シャクナゲ群落
烏帽子岳
1692
27-3
1577
1548
新椎葉越へ
1617
五勇山分岐
国見岳の眺望
1443
1053
五勇谷林道
1188
1654
1620mピーク
27-4
1116
菅野
813
尾手納へ
1082
五勇山
1662
27-5
三叉路
1596
ブナの大木が並ぶほぼ平坦な尾根道
1644
1367
1090
東面をトラバース
ピークの西側を巻く
27は27国見岳①のCHECK POINT番号です
28は28国見岳②のCHECK POINT番号です
29は29国見岳③のCHECK POINT番号です
1:35,000
0
500m
N

28

サンショウウオの棲む沢とイチイの巨木に触れ脊梁の盟主へ

国見岳②

広河原～杉の木谷

くにみだけ
ひろがわら～すぎのきだに
1739m

日帰り

歩行時間＝4時間55分
歩行距離＝8・5km

技術度
体力度

コース定数＝21

標高差＝776m

累積標高差 ↗915m ↘915m

国見岳頂上北面の山都《やまと》町にある広河原を起点とする周回コース。

国見岳頂上から東の扇山などの眺め

県指定天然記念物のベッコウサンショウウオの生息地やブナなどの大木が並ぶ自然林、シャクナゲなど、国見岳の自然の豊かさを感じる山歩きが楽しめる。他のコースとは異なり、水場が多いのもありがたい。

　広河原の**国見岳登山口**から斜上すると、すぐに植林の中に急登がはじまる。広葉樹の二次林が現れると傾斜は緩やかになり、登路は尾根を行くようになる。登るにつれて原生林の気配が濃くなっていく。スズタケはすっかり枯れ果て、見通しのよい林床が広がっている。

　登山口から45分ほどで登路は尾根から左に折れて、ユウガワ谷の枝沢を横切るトラバース道になる。季節や数え方によって変わるが、5本ほどの枝沢を横切る。2本のカツラの高木が立つ沢から先では登りが続くが、それ以外はほぼ登り下りはない。

　最後の沢を越えて山腹を斜上していき、イチイの古木を右上方に見上げるところから尾根に向けて直上する。尾根に上がると、国見岳と平家山《へいけやま》の分岐になる三叉路**（広河原分岐）**がある。

　幅の広いなだらかな尾根をのんびりと進む。先ほど見上げたイチイに見劣りしないほどの風格を備えたイチイのすぐ脇を通り、シャクナゲの茂みが見えてくると樹林帯も終わりになる。灌木とシャクナゲをくぐり、細くなった尾根を行く。杉の木谷からの登路と合わさり、チャートの露頭をひと登りで**国見岳**の頂上に着く。

　下りは杉の木谷コースをとる。先の広河原コースを左に見送り、スズタケが枯れたあと山肌を覆いはじめたスゲの草叢を下る。力水の水場、不明瞭になりつつある**長《なが》谷《たに》分岐**をすぎ、尾根沿いに緩く下る。高岳《たかだけ》との分岐からは、原生林の中をぐんぐん下っていく。

　崩落が進むユウガワ谷の枝沢の縁から植林の中に入り、林道跡に下り立つ。ここから右にたどっていく。トロッコ道ではなかったかと思わせるような、わずかな勾配の平たい林道である。林道が行き止まりになると、登路は左下の植林の中の急坂を下るようになる。手掛かりのないザレ場もあり、慎重に歩を進める。

　植林を抜けて荒れた作業道跡に出ると、「国見岳（杉の木谷）登山口」の標柱が立っている。数分で内大臣《ないだいじん》林道上の**杉の木谷登山口**に下り立ち、左へ林道を下っていけば**国見岳登山口**に帰り着く。

■**鉄道・バス**

公共交通機関は不可。マイカーを利用する。

■**マイカー**

ユウガワ谷の源流部は美しい原生林が残されている

CHECK POINT

1 約10台分の駐車スペースや登山届ボックスなどがある広河原の国見岳登山口

2 植林を抜けてからは、深い原生の森を登っていく

3 ユウガワ谷の沢を次々に横切る。2本のカツラが特徴の沢もある

4 稜線に上がると三叉路がある。国見岳へは左へ尾根を登っていく

5 登路の脇に立っているイチイの巨木。コースの見所のひとつだ

6 社殿が見えるところまで登ってきた。国見岳の頂上まではあとひと息だ

7 広河原との三叉路を右に進み、杉の木谷へと向かう

8 杉の木谷登山口がある内大臣林道に出る。国見岳登山口へは林道を下る

九州道御船ICから国道445・443・218号を通り、美里町金木の交差点の先で右折して内大臣橋へ行く。内大臣林道へ入り広河原をすぎ、大きくカーブして坂道を上がると、10台ほどの駐車スペースや登山届ボックス、各種の看板が立っている広河原の国見岳登山口に着く。所要約1時間30分。

■登山適期

3〜11月。コース上部のシャクナゲは5月がシーズン。

■アドバイス

▽登山口への内大臣林道は崖崩れなどが起きやすく、従来から台風や豪雨のあとは通行が規制されることが多かった。今回の熊本地震でダメージを受けているので、入山の際は道路状況の確認をしておいたがよいだろう。また、伐採木を積みこみ中のトラックに出くわし時間待ちを余儀なくされることがあるので、山行計画の時間には余裕をもたせたい。

▽杉の木谷コースの平らな林道跡は近年のゲリラ豪雨の影響であろう、路盤がえぐれ深い溝で断ち切られた箇所が増えている。登路を落ち着いて見極めること。

■問合せ先

山都町山の都創造課☎0967・72・1111

■2万5000分ノ1地形図

国見岳

＊コース図は80・81㌻を参照。

29

国見岳③

とぞの谷橋～平家山

脊梁山地屈指の原生林が残る尾根を歩いて頂上へ

くにみだけ

とぞのだにばし～へいけやま

1739m

日帰り

歩行時間＝7時間40分

歩行距離＝14・3km

技術度

体力度

コース定数＝31	
標高差＝829m	
累積標高差	↗1229m
	↘1229m

端正で気品のある国見岳の山容。九州脊梁の盟主にふさわしい風格である

西内谷左俣源流域の原生林

京丈《きょうのじょう》尾根にある平家山に上がり、原生林に息づくブナやモミ、ツガ、ハリギリ、イチイなどの大木に触れながら稜線をたどって頂上を目指す。平家山と国見岳頂上手前の登りを除けば、深い森に囲まれたなだらかなピークを登下降していくおおらかなルートである。

とぞの谷橋の先の空き地に車を置き、**平家山登山口**まで林道を歩く。大小屋《おおこや》谷の源流域の細い流れを渡り、足場の悪い谷沿いの道を左に進んでから枝沢を渡る。ここから植林の中の急登になる。

山腹を折り返しながら標高を上げ、平家山から下りてくる尾根に乗る。標高1300メートルあたりまで上がると平坦になり、ひと息つける。ここから上部は広い範囲で植林が立ち枯れ林床は消失しているが、これは失火によるもののようで、平家山の南側一帯に火災のダメージが残

■鉄道・バス

公共交通機関は不可。マイカーを利用する。

■マイカー

九州道御船ICから国道445・443・218・445号経由で美里町と八代市泉町の境となる二本杉峠を越え、平家荘入口で左折して腰越を通り葉木林道をとぞの谷橋へ。橋の先に広い駐車スペースがある。所要約1時間10分。

■登山適期

3～11月。ゴールデンウィーク前後の新緑と10月中旬の紅葉の頃は樹種豊かな原生林が最も華やぐ時期で、このコースの醍醐味を楽しめる。積雪期（12～2月）には初心者だけでの入山は避け、ベテランの同行が必要。また、雪が深いとハードなラッセルにもなりかねないので、多数のメンバーをそろえたほうがよい。

■アドバイス

▽広い1578メートルピークは四方に支尾根が分かれている。裸地化した林床に落葉や新雪がかぶさると、踏跡が隠されて誤った尾根に入りかねない。短い間隔で赤テープがあるので確認しながら進むこと。テープが見あたらなくなった際は、元の場所まで引き返して再確認する。

■問合せ先

八代市泉支所☎0965・67・2111

原生林が残り巨木が群がる京丈尾根。新緑と紅葉の時期がとくに見事

平家山の山頂広場

っている。

　再び急傾斜の山火事の跡地を登っていく。尾根を登りつめ、傾斜が緩んでくると火の手を免れた天然林となる。左に京丈山への縦走路を分けると、すぐに**平家山**の山頂広場に着く。

　ここから広河原《ひろがわら》分岐の先まで、大木が立ち並ぶ原生林の中の稜線歩きとなる。左に西内谷《にしうち》左俣の広い源頭部と原生林を見下ろしながら、じわじわと登っていく。右上に分かれる後《うしろ》平家山の登路を見送ると平坦な道になり、やがてイチイの古木があるイチイ平に着く。ここで進路が右に曲がり、小さい起伏を経て1576メートルピークに立つ。ここから前方に頂上部だけ少し見えている丸い山影が、目指す国見岳の頂上である。

　1576メートルピークの下りは少しの間、露岩のあるやせた尾根になっている。鞍部へ向け下っていくと、時期によっては右下から樅木《もみき》本谷源頭の水音が聞こえてくる。徐々に登り返していくと小広いピークとなり、ここで大きく右へ曲がって1578メートルピークへ向かう。その1578メートルピークは道迷いを起こしがちなところだけに、進路を慎重に見極めて下ること。

　1555メートルピークを越えると**広河原分岐**に出会う。なお、広河原分岐から**国見岳**の頂上までは、国見岳②（82ページ）を参照のこと。

　頂上からは往路を引き返す。

■2万5000分ノ1地形図
葉木・国見岳

CHECK POINT

1 とぞの谷橋を渡ると路肩に広い駐車スペースがある

2 平家山登山口。林道から谷川へ下りて対岸を左へ進む

3 稜線に上がると左に京丈山からの登路が合流する。平家山は目の前だ

4 イチイの古木がある広場。この先は稜線が広いので、テープを確認しながら進む

5 1576メートルピークでは木々の奥に国見岳が顔を覗かせている

6 1555メートルピークをすぎると広河原からのルートが左から合流する

＊コース図は80・81ページを参照。

熊本県の山で見られる花

熊本県の山は2000メートルを超える山がないだけに、高山のようなお花畑は見られないが、登山道脇の林床や草原には、季節ごとに数多くの花が咲いている。ここでは、山道でよく見られる花のいくつかを紹介する。花の群落としては、阿蘇（ミヤマキリシマ）や三国山・国見山（シャクナゲ）、上福根山や仰烏帽子山（フクジュソウ）、雁俣山（カタクリ）、天主山（ヤマシャクヤク）などが代表的。

黄

キスミレ（4月）
阿蘇北外輪

ミツバツチグリ（5月）国見山

ミヤコグサ（10月）
根子岳

白

オカトラノオ
（7月）俵山

ヒゴイカリソウ
（5月）天主山

ヒトリシズカ（5月）天主山

ウメバチソウ（10月）根子岳

ニリンソウ（5月）天主山

ホソバノヤマハハコ（9月）
杵島岳

イチリンソウ
（5月）天主山

ヤマシャクヤク
（5月）白鳥山

イワカガミ（5月）阿蘇高岳東峰

ツクシマツモト（6月）阿蘇野草園

赤

タムラソウ（9月）鞍岳

ゲンノショウコ（8月）清栄山

ネジバナ（9月）阿蘇烏帽子岳

ワレモコウ（9月）鞍岳

紫・褐色

クサフジ（9月）清栄山

ハルリンドウ（4月）阿蘇北外輪

サイヨウシャジン（9月）阿蘇烏帽子岳

ハバヤマボクチ（10月）一ノ峯

リンドウ（10月）涌蓋山

スミレ（4月）阿蘇北外輪

タチツボスミレ（4月）阿蘇北外輪

ハナシノブ（6月）阿蘇野草園

ラショウモンカズラ（5月）天主山

30

秘境・五家荘と椎葉を結んだ古の峠を通り展望のよい頂へ

烏帽子岳

えぼしだけ
1692m

日帰り

歩行時間＝4時間
歩行距離＝8・5km

技術度

体力度

コース定数＝15

標高差＝222m

累積標高差 ↗560m ↘560m

紅葉の脊梁山地の谷間に顔を出す烏帽子岳。右下に川辺川に架かる樅木の吊橋が見える

烏帽子岳から椎葉越へと続く稜線。この稜線を往復する。あまりアップダウンのない道だ

新椎葉《しいば》越から熊本・宮崎の県境の尾根をたどって烏帽子岳に登るコースである。車道の通る峠としては九州最高所（約1480㍍）の新椎葉越からなだらかで標高差も少ない登路を折り返すので、初心者でも手軽に九州山地最奥部の景観に触れることができる。途中通過する椎葉越の峠道は今は利用されていないが、地元の人達であろうか、やぶに埋もれないよう、時おり整備の手が入り、往時の雰囲気を偲ぶことができる。

新椎葉越の北側にある**烏帽子岳登山口**からスタートする。最初に越える1532㍍ピーク近くからは、霧立越《きりたちごえ》山地が遠望される。ピークを下って背の高いスズタケを切り払った登路を行くと、三角に尖った大きい岩に出会う。その裾を過ぎると、まもなく**椎葉越**に着く。

登路の傍らに立つ太いブナの脇を通り、小ピークを2つ越えて1548㍍ピークの登りにかかると、南の視界がよい露岩の**展望台**に上がる。眺望を楽しんでから1548㍍ピークへ向けて登っていく。登り終えて、しばらく傾斜の緩んだ登路を行くと、チャート（堆積岩の一種）の露出したやせた尾根の下りになる。

■**鉄道・バス**
公共交通機関は不可。マイカーを利用する。

■**マイカー**
九州道御船ICから国道445・443・218・445号、県道159号を行く。八代市泉町樅木から市道五家荘椎葉線を上がって新椎葉越へ。10台の駐車スペースがある。所要約1時間50分。このアクセス路は通行規制が多い。とくに冬季と梅雨期や台風通過後は、国道445号（美里町早楠～二本杉）や市道五家荘椎葉線の道路情報の事前チェックを。

■**登山適期**
通年可能。頂上一帯はシャクナゲが多い。とくに頂上の西側はシャクナゲの林になっており、4月末からゴールデンウィークにかけての花期には、登山者で賑わう。

■**アドバイス**
▽五家荘の樅木と椎葉の尾手納を結んでいた椎葉越には、ほかにもさまざまな呼び方があった。五家荘では椎葉越の呼び方のほかに椎葉に那須姓が多いことから那須越ともよび、椎葉側では五家越や樅木越といっていた。また、樅木には寺がないため法事には椎葉村日添の弥専坊住職が峠を越えて通ったことから「ぼんさん越」の名前もある。現住職も車道がなかった若い頃は徒歩で峠を通っていたとお聞きした。

CHECK POINT

新椎葉越にある烏帽子岳登山口。約10台分の駐車スペースがある

峠道が交差する椎葉越の小さい広場。各種の道標や案内板が立っている

露岩に上がると眺望を楽しめる。西に見えている大きい山体は上福根山だ

大きいブナの中でも、左のスズタケの切り分けの奥に立つブナは一段と立派だ

最後の急登にかかる鞍部から仰ぐ烏帽子岳の頂上部。チャートの崖の上にある

シャクナゲが茂る五勇山分岐。正面に国見岳方面が見える

木立がまばらな烏帽子岳の頂上。東から南、西の3方面の展望が広がっている

烏帽子岳の頂上から南北に長い上福根山の頂上稜線が見える

やせ尾根はじきに終わり、スズタケが茂る中に1617《メートル》ピークの登りがはじまる。この付近から壮年のブナの姿が目に付くようになる。登りの途中に左へやぶを切り分けた横道があり、その先には根元のスズタケが切り払われた中にブナの大木が一本立っている。太い枝を張り、この稜線の主ともいえる貫録がある。

1617《メートル》ピークを下り鞍部に着くと木立が切れ、烏帽子岳の頂上を間近に仰げる。ここから五勇《ごゆう》山《ざん》分岐まで、距離こそ短いが急登となる。頑張って**五勇山分岐**へ上がれば、九州脊梁《せきりょう》の盟主・国見岳《くにみだけ》が正面に見えている。

分岐を左へ向かい、シャクナゲの間をぬって行くと、**烏帽子岳**の頂上に達する。頂上の南面は浸食に強いチャートの岩盤が残った断崖となっており、視界180度のパノラマが広がっている。今たどってきた椎葉越から来る尾根の左右には扇山《おうぎやま》や時雨岳《しぐれだけ》、白鳥山《しらとりやま》、上《かみ》福根山《ふくねやま》などが連なり、その奥には市房山《いちふさやま》や石堂山《いしどうやま》も姿を見せている。

帰りは往路を戻る。

■問合せ先

八代市泉支所☎0965・67・2111

■2万5000分ノ1地形図

国見岳・不土野

31 白鳥山

平家落人伝説の山を谷筋から登り、尾根を下って周回する

しらとりやま
1639m

日帰り

歩行時間＝3時間25分
歩行距離＝9・1km

技術度
体力度

コース定数	＝**15**
標高差	＝429m
累積標高差	↗565m ↘565m

丸い優美な曲線の白鳥山の頂上部

御池の横にあるドリーネと背後のカレンフェルト

白鳥山は丸いたおやかな姿をした、五家荘《ごかのしょう》山地の南の端に位置する山である。山域の北西部は原生林が残り、頂上部では枯木が多くなってきたが、少し下るとブナやミズナラの大木が群生している。石灰岩層が露出したカルスト地形が見られ、頂上を北に下ったところには規模の大きいドリーネがある。また、頂上近くでは石灰岩質を好むヤマシャクヤクが多い。昭和初期の文献では肥後岳《ひごだけ》と記された例があるが、今の優美な名前はここから5本放たれたという、平《へい》家《け》伝説の白鳥の矢羽根《やばね》にちなむものであろうか。紹介するのは、上《うえ》ノ内《うち》谷の谷筋を登って頂上に立ち、尾根をたどって新椎葉越《しいばごえ》の登山口へ下りる周回コースである。

市道五家荘椎葉線が上ノ内谷を横切る場所に、**御池《みいけ》登山口**の道標がある。谷は岩と土砂がつまり、伏流になっている。ミズナラの巨木やすらりと立つサワグルミなどを眺め、涸れた沢筋を登る。水流が出てくるとやがて二俣になり、右俣には瀑流が懸かっている。登路は左俣へのびており、時期によってはこちらにもわずかに水が流れている。左右に涸れ沢を分けて行くと、谷間は明るく開けていく。

登りきったところに三叉路があり（**御池入口**）、右の道へ入る。二

■**鉄道・バス**
公共交通機関は不可。
■**マイカー**
九州道御船ICから国道445・443・218・445号、県道159号を行く。五家荘樅木から市道五家荘椎葉線で上ノ内谷へ。5台の駐車スペースがある。所要約1時間45分。アクセス路は通行規制が多いので注意（88ページ・「マイカー」を参照）。
■**登山適期**
通年可能。原生林の新緑・紅葉がおすすめ。ヤマシャクヤクの開花は5月上旬で、白い花弁に紅がさした株も見かける。ドリーネの東の傾斜地と頂上の南側に群落がある。
■**アドバイス**
▽御池は三方を囲まれた湿地の広がる平地で、一ノ池・二ノ池とあるが池というほどでもなく、時期によってはミズコケの泥土になるような湿地である。そこにブナやアスナロが立ちスズタケが茂る中を、水溜りを避けながら登路が通っている。
▽新椎葉越の登山口へ下りる直前にビューポイントがあり、稜線でひとつながりになった烏帽子岳と五勇山が正面に見えている。
■**問合せ先**
八代市泉支所☎0965・67・2111
■**2万5000分ノ1地形図**
不土野

頂上を少し下るとブナの大木が並ぶ自然林が茂っている

紅のにじみがあるヤマシャクヤクの株

ノ池をすぎてから斜面を登ると、山腹をトラバースする登路に出会う。ここを右折しウケドノ谷へ向かうと三叉路となり、ここから左へ上がっていく尾根を登る。傾斜が落ちて広場になると、**白鳥山**の頂上に着く。

北へ向かって下っていくと、ブナなどの大木の茂みが出てくる。右にカラ谷の登路を見送り、平清経《たいらのきよつね》住居跡の横をすぎると、柵に囲まれた**ドリーネ**に着く。横に長いドリーネの背後に苔むしたカレンフェルトが並び、さらに上段にも石灰岩が立ちふさがっている。

ここから右へ回りこみ、新椎葉越へ続く原生林の尾根に上がる。新椎葉越まで小さいピークを5つ登下降するが、2つのピークでは左を巻く迂回路も利用できる。

新椎葉越に着いたら五家荘椎葉線を歩いて**御池登山口**へ帰る。

CHECK POINT

1 上ノ内谷の御池登山口。駐車スペースや案内板、登山口の標柱などがある

2 右俣に懸かる瀑流。進路となる左俣は水が涸れていることが多い

3 御池の端にある三叉路（御池入口）。進路は右にとる。左は一ノ池を通ってドリーネへ

4 秋の干上がった二ノ池の様子。泥土に踏みこまないよう見極めながら行く

5 白鳥山頂上。一帯は樹木の立ち枯れが進み、だだっ広い広場になっている

6 ここから刀が出土したという伝聞がある平清経住居跡を通る

32 同じ不思議な名前をもつ2つのピークを訪ねる

山犬切

やまいんぎり
1562m

日帰り

歩行時間＝5時間15分
歩行距離＝10.9km

技術度
体力度

コース定数＝22
標高差＝321m
累積標高差 897m 897m

地元呼称の山犬切には、山犬切と北山犬切の二様の看板が立つ

「山犬切」とは何の意味だろう？禍々《まがまが》しい気配をかもす名前だ。そしてこの名称の山が2つあり、近くに位置している。ひとつは国土地理院の2万5千図「椎原《しいばる》」に山名が記された1561・7メートルピークで、もうひとつは久連子《くれこ》川源流をへだてた上福根山《かみふくねやま》の東端にある無記名の1621メートルピークをいう。ここでは前者を頂上としたが、地元では後者を山犬切とよんできた。今回は、この2つの山犬切の頂を目指す。

石楠越《しゃくなんごし》登山口からコナラの林を登る。周囲はミズナラの太い幹も点在している。スギの植林に変わり石楠山西峰《せいほう》の山腹を回りこむようになると、今度は原生林へと変わる。登りつめた鞍部が**石楠越**である。石楠越を左へ緩やかに上がっていくと、補點《ほてん》の石柱が建つ石楠山東峰《とうほう》に着く。

ここから七遍巡《しちへんめぐ》りのピークまで、原生林に囲まれた石楠尾根の稜線を登り下りしながらたどっていく。時おり樹冠の切れ目から、近くに高塚山《たかつかやま》や上福根山、遠くに市房山《いちふさやま》が見える。1430メートルのピークでは登路が尾根から逸れて右の斜面を下るので、標識を見落とさないこと。ここからきつい登りを2箇所越えると、**山犬切**の頂上に着く。標識は「南山犬切」になっている。

山犬切からいったん下り、それからだらだらと登っていく。途中に大きいヌタ場がある、イノシシの共同浴場といったところか。登りつめると**七遍巡り**の頂上である。北側の木立の先に屋根のような平たい頂稜が見えているが、それがもうひとつの山犬切である。

七遍巡りから北へ向け大きく下る。鞍部に下って石灰岩の露頭の中を登り返し、ドリーネの間を抜

■鉄道・バス
公共交通機関は不可。

■マイカー
九州道御船ICから国道445・443・218・445号を通り、椎原ダムの下流1キロで県道247号に入り八代市泉町久連子へ。久連子の「古代の里」から泉五木トンネルへ向けて15分ほど車を走らせると、石楠越登山口に着く。10台分の駐車スペースがある。所要約1時間45分。冬季は美里町早楠～二本杉間は積雪のため滑り止めは必携。状況により通行止めになることもある。

■登山適期
通年可能。稜線にはブナ、ミズナラの古木の息づく原生林が残され、若葉・紅葉は美しい。また山犬切峠の周辺では春にヤマシャクヤク、秋はトリカブトが花盛りになる。

■アドバイス
▽石楠越登山口から車道を500メートル上がれば泉五木トンネルがあり、そこにも縦走路に上がる山犬切登山口がある。
▽七遍巡りは広い鈍頂のため、やぶにまぎれて道迷いに遭いがちだったことが山名の由来という。今は林床のスズタケなどが枯れて見通しが利くが、濃いガスに巻かれたときなどは道標や踏跡を確認しながら進み、安直に動き回らないようにしたい。

■問合せ先

上福根山方面から眺める山犬切（右）と七遍巡り（左）

自然林が残る秋の稜線を行く

七遍巡りの北側の鞍部はトリカブトが多い

けるとなだらかなピークの上に出る。大きいイチイの横を通ると下り勾配になっていく。降り立ったところが**山犬切峠**で、そこを廃道になった川口《かわぐち》林道が横切っている。ここから最後の登りにかかる。

細い稜線に上がると平坦な登路となり、やがて上福根山方面との三叉路に着く。右へ5分行けば、石灰岩が露出した白い頂上に着く。標識は「山犬切」と「**北山犬切**」の2つが立っている。

下山は往路を帰る。

八代市泉支所☎0965・67・2111
■2万5000分ノ1地形図
椎原

CHECK POINT

石楠尾根の稜線近くまで上がり大きく左へカーブすると石楠越登山口に着く

石楠越に上がり、石楠尾根の縦走路を東へ向かう

地形図上の山犬切の頂上。「南山犬切」の看板が立っている

鈍頂の広場にある七遍巡りの頂上標識

ドリーネをすぎて広い尾根を行くとイチイの巨木に出会う

鞍部に下りるとそこは山犬切峠で、廃道になった川口林道を横切る

上福根山（右）と一本樫三叉路ピーク（左）間の頂上稜線。ここを登路が通っている

33

上福根山

かみふくねやま
1646m

五家荘の3集落を山麓に擁する山のボリュームに触れる

日帰り

歩行時間＝6時間55分
歩行距離＝17・6km

技術度 2/5
体力度 2/5

コース定数	＝32
標高差	＝925m
累積標高差	↗1380m ↘1380m

上福根山は五家荘《ごかのしょう》山地の中央部にあり、2万5千図「椎原《しいばる》」の図面の大半を占める、広い山域を有している。東西南北の四方にのびる長い尾根は、茶臼山《ちゃうすやま》や岩宇土《いわうど》山《やま》、（地元呼称の）山犬切《やまいんぎり》などのそれぞれが登高対象にもなるピークをもち、末端は川辺《かわべ》川とその支流へ落ち込んでいる。ここでは、樅《もみ》木《ぎ》の横平《よこだいら》から尾根に上がって頂上を踏み、東の稜線から樅木へ下る周回ルートを紹介する。

横平集落から**横平（樅木）登山口**まで林道を上がる。登山口から県林業公社のスギの美林の中をジグザグに登る。杉林を登りつめると1300メートルのピークである。ここから稜線をたどる。

スズタケが茂る急傾斜の細い尾根を登り**1428メートルのピーク**に上がると南に視界が開け、頂上方面が見える。スズタケと灌木の中を上下していくと、新しい4等三角点（1406メートル）に出会う。ここから先はブナなどの自然林になり、緩い傾斜の広い尾根が続く。

シャクナゲが多くなり傾斜が緩むと、右に茶臼山から来た登路が合流する（**茶臼山分岐**）。平坦な山稜をしばらく行くと、**上福根山**の頂上に着く。

頂上からは、南東に派生する尾根を下る。灌木で視界をさえぎられた、歩きにくいやせ尾根である。

禿げた前福根山で展望を楽しんだあと、ふたたび視界のない岩稜

■鉄道・バス
公共交通機関は不可。マイカーを利用する。
■マイカー

入梅の頃、カラバイケイソウは白い花をつける

苔むしたブナの間を登路がのびている

灌木の中の上福根山頂上

混じりの尾根を下る。ブナが茂る明るい尾根から、苔むした鞍部へ降り立つ。ここから中福根山の登りになる。頂上に近づくと登路は左を巻きながらピークの先で尾根に上がり、少しバックして頂上に立つ。その先の下福根山のピークは、山腹をトラバースする登路の右5㍍上にある。分岐の標識が小さいので、見落とさないこと。

ブナが並ぶ広い平坦な尾根を経てひと登りすると、**一本樫《いっぽんがし》三叉路**（仮称）に着く。原生林が残る尾根筋の一本樫登山道を下っていき、作業道亀《かめ》井《い》線上の**一本樫登山口**に着いたら、作業道を右に進む。

作業道を折り返しながらどんどん下り、**林業会社**（岩崎林業）**の社屋**の先で舗装された一本樫林道に合流する（ゲートは必ず閉じること）。右に折れて県道159号へ向かい、**県道**に出たら左折して**横平集落**まで歩く。

一本樫三叉路にある道標

九州道御船ICから国道445・443・218・445号を通り、八代市泉町吐合で県道159号に入り看板を見て右上の横平集落に上がる。集落の道路脇の空き地に駐車スペースを探す。所要約1時間20分。冬季は美里町早楠～二本杉間は積雪のため滑り止めは必携。積雪の状況により通行止めになることもある。

■**登山適期**

通年可能。

■**アドバイス**

▽横平集落と横平登山口間の林道は路面が荒れて車両は通れない。

▽久連子の平石から岩宇土山を経由して上福根山に登るルートはこれまでよく利用されてきたが、鍾乳洞の手前と岩宇土山の最後の登りが裸地化して危なくなっている。フクジュソウの名所であるが、推奨しがたいルートに変わっている。フクジュソウの鑑賞であれば、平石の旧久連子荘の手前にあるオコバ谷をおすすめする。登山道脇の斜面は2月の終わりから3月の初めにかけて、フクジュソウが満開になる。ただし谷の上部は崩壊が激しいので、奥には入らないほうがよいだろう。

■**問合せ先**

八代市泉支所☎0965・67・2111

■**2万5000分ノ1地形図**

椎原

＊コース図は96㌻を参照。

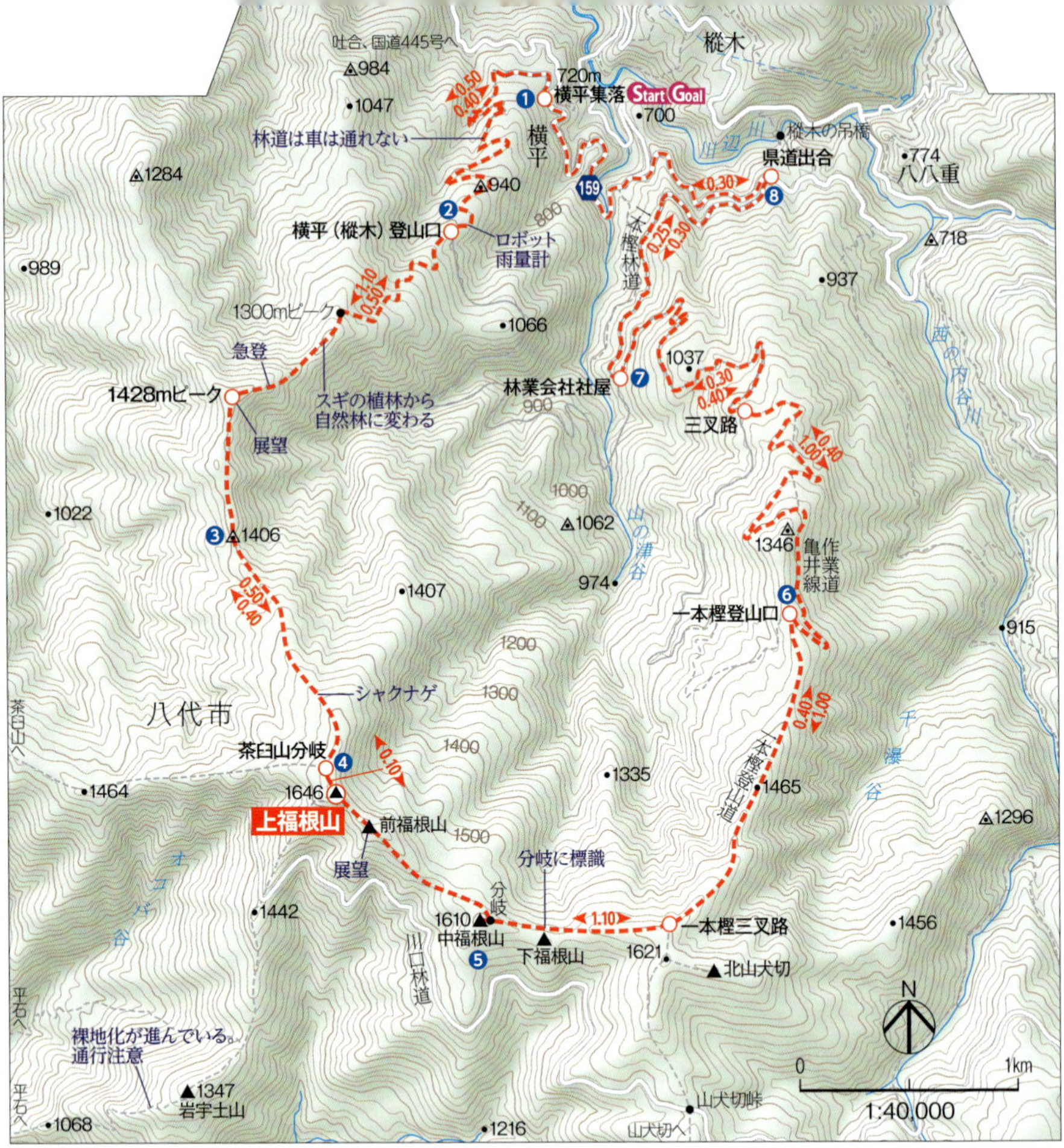

CHECK POINT

1 県道159号上にある横平集落への登り口。この先の林道は車では上がれない

2 横平集落から林道を歩いて横平登山口へ上がる

3 禿げたやせ尾根。新しい4等三角点（1406㍍）が設置されている

4 傾斜も緩みシャクナゲが多くなると、右から茶臼山のルートが合流する

5 中福根山の頂上。東にのびる稜線の方向にわずかに視界が開けている

6 一本樫登山口。登山口から右へ作業道亀井線をどんどん下っていく

7 下りてきた作業道が一本樫林道に合流する。傍らに林業会社がある

8 一本樫林道から県道159号へ下り立つ。横平へは左に進む

春が近づくと陽光を照り返すフクジュソウが華やぐ山

仰烏帽子山

のけえぼしやま
1302m

日帰り

歩行時間＝4時間50分
歩行距離＝11・6km

技術度 ■□□□□
体力度 ■□□□□

コース定数＝**22**

標高差＝592m

累積標高差 ↗ 910m ↘ 910m

三尾山へ続く尾根から仰烏帽子山を仰ぐ

仏石近くの群生地に咲き誇るフクジュソウ

仰烏帽子山は、子守唄で知られる球磨《くま》郡五木《いつき》村を取り囲む山々の南西に位置し、五木の山村を人吉《ひとよし》盆地から隔てている。緒が緩んで後ろに傾いた兜《かぶと》を「仰兜《のけ》」というそうだが、不等辺三角の傾いた姿が名前の由来であろうか。県南の山地には中生代後期の石灰岩層の細い脈が幾層も連なり、各所に露頭が見られる。仰烏帽子山にも大きく石灰岩層が露出し、仏石の岩塔、牛の鼻ぐり岩や風穴などの浸食窟、兎群石山《とぐんせきやま》と名付けられたピークなど、カルスト地形が見られる。植林と二次林からなり自然の気配は少ないが、石灰岩を好むフクジュソウの一大群生地として知られ、開花期の休日は九州各県のナンバープレートの車で混雑する。

第一登山口から涸れた谷筋沿いに登っていく。以前の登路は鉄砲水で流され、今は石灰岩のゴーロがつまった谷底をたどる。10㍍の涸れ滝は捨て縄が掛けられた右側のザレ場を越える。鉄砲水の被災帯を抜け傾斜が緩むと二俣になり、右へ行くとほどなく**夫婦《めおと》杉**に

＊コース図は98㌻を参照。

出る。このあたりから水流が現れ、フクジュソウを多く見かけるようになる。

きつくなった傾斜をひと登りで、仏石《ほとけいし》分岐がある鞍部に上がる。稜線にはヒノキが植林され、その中を頂上へなだらかな登路が続いている。二対のブナの老木の根元を通り、苔むした風穴、ついで**展望台分岐**をすぎ植林を抜けると明るい二次林になり、登路も平坦になる。

最後の短い斜面をつめ上がれば視界360度の**仰烏帽子山**の頂上だ。南には人吉盆地の先に市房山《いちふさやま》や白髪《しらが》岳《だけ》が見え、振り返ると八代《やつしろ》平野の一隅が伺える。

頂上から仏石分岐へ引き返す。途中で展望台に立ち寄れば南面の椎葉《しいば》谷《だに》川の樹林と、これから向かう仏石の眺望が得られる。**仏石分岐**から山腹をトラバースし、クサリ伝いに下ると**仏石**だ。

石灰岩の岩盤に根を張る双子のブナ

■鉄道・バス
公共交通機関は不可。マイカーを利用する。
■マイカー
九州道松橋ICを出て国道3号を南下し、国道443号、県道25号を通り

CHECK POINT

1 第一登山口。元井谷の谷川に沿って遡っていく

2 谷の二俣を右に行けばすぐに夫婦杉が立っている

3 谷から鞍部に上がると十字路がある(仏石分岐)。登頂後はここに戻って右の仏石へ向かう

4 スギの植林の中にある風穴。苔むした石灰岩に囲まれている

5 展望台分岐。展望台からは仏石の岩塔が見えるので立ち寄ってみよう

6 仏石をあとに石灰岩の間を行くとフクジュソウの出迎えを受ける

7 2本のカツラの大木を通りすぎると第二登山口へと下りはじめる

8 第二登山口へ着いたら車道を下って第一登山口まで歩く

チャートの基盤が露出する仰烏帽子山頂上。展望は360度

第二登山口からの車道歩きの途中で子守歌の里頭地が見える

ここから三叉路まではフクジュソウの密生地である。**三叉路**から緩やかに登り2本のカツラの大木の脇を通り、1206《メートル》ピークの鞍部から緩やかに下って**第二登山口**に出る。**第一登山口**までは林道相良《さがら》五木線を歩いて戻る。

五木村元井谷で林道相良五木線に入り第一登山口へ。所要約1時間10分。九州道八代ICを起点にすると所要約1時間。駐車場は3箇所あり、第一登山口に4台、そこから500《メートル》先に20台ほど、第二登山口に20台ほど停められる。フクジュソウやヤマシャクヤクの開花期の休日には、第一登山口よりはるか下の方から道路脇の空きスペースに路肩駐車が並ぶ。

■登山適期
通年可能。

■アドバイス
▽フクジュソウは2月から3月初旬、ヤマシャクヤクは5月上旬が開花期になる。ただし2月は車道に雪が残ることがあるので、滑り止めの用意をしておくこと。
▽フクジュソウの鑑賞に限れば、第二登山口から仏石の往復がおすすめ。100《メートル》ほどの高度差のなだらかなコースを2時間20分で往復できる。第二登山口ができ簡単に貴重な植生を見られるようになったが、登山口には仮設トイレがあり、フクジュソウ保護の注意書きがたくさん掲げてある。マナーにしたがい自然を守ってもらいたい。

■問合せ先
五木村ふるさと振興課☎0966・37・2211

■2万5000分ノ1地形図
頭地

35 白髪岳

樹種豊かな自然林に触れ頂上から人吉盆地を一望する

日帰り

しらがだけ 1417m

歩行時間＝3時間10分
歩行距離＝7・2km

技術度

体力度

コース定数＝**12**

標高差＝299m

累積標高差 422m 422m

猪ノ子伏と白髪岳のなだらかな山容。頂上稜線の樹氷を白髪頭に例えたのが山名の由来

ブナ林でひときわ大きい枝を張りめぐらせた巨木

白髪岳は人吉《ひとよし》盆地を南から囲む山地の最高所で、ひときわ大きい姿を見せている。猪《い》ノ子伏《こぶし》から頂上までの稜線一帯の国有林150ヘクタールは昭和55（1980）年に白髪岳自然環境保全地域に指定され、標高1300メートル前後まではモミ・ツガ林が、それより上部はブナが優越する「伐られたことがない森」が残っている。森の樹種は多彩で、登山口から頂上までの中低木層の木々に吊るされた名札は30種を超える。ただこの山域も、近年植生の劣化・生育環境の悪化が進んでいる。原因のひとつと考えられているシカ食害の防止対策として平成17（2005）年にシカ防除ネットが設置され、生態系の保全と植生回復が試みられている。

登山口から猪ノ子伏まではなだらかな登り。落葉樹を主とした二次林の中を進む。すぐに右が植林となり、その境界線に沿っていく。植林帯を抜けるとモミの太い樹影が視界に入ってくる。いよいよ「伐られたことがない森」がはじまる。樹林の中の小広い鈍頂の**猪ノ子伏**をすぎると、しばらく起伏の少ない稜線歩きとなる。ヒメシャラが群生する1260メートルピークから大きく下ると、鞍部にひときわ目立つモミの高木が立っている。

ここから1374メートルピークへの登りがはじまる。傾斜があり、本コースの踏ん張りどころだ。高度を上げていくとブナが多くなってきて、登りつめるころには枝振りの堂々とした老木の間をぬっていくようになる。1374メートルピークをすぎると白髪岳の頂上が視界に入る。防除ネット内の日本庭園風の茂みを眺めながら行くと**三池《みいけ》神社**に出る。周囲に湿地があったと

三池神社の社殿

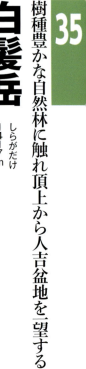

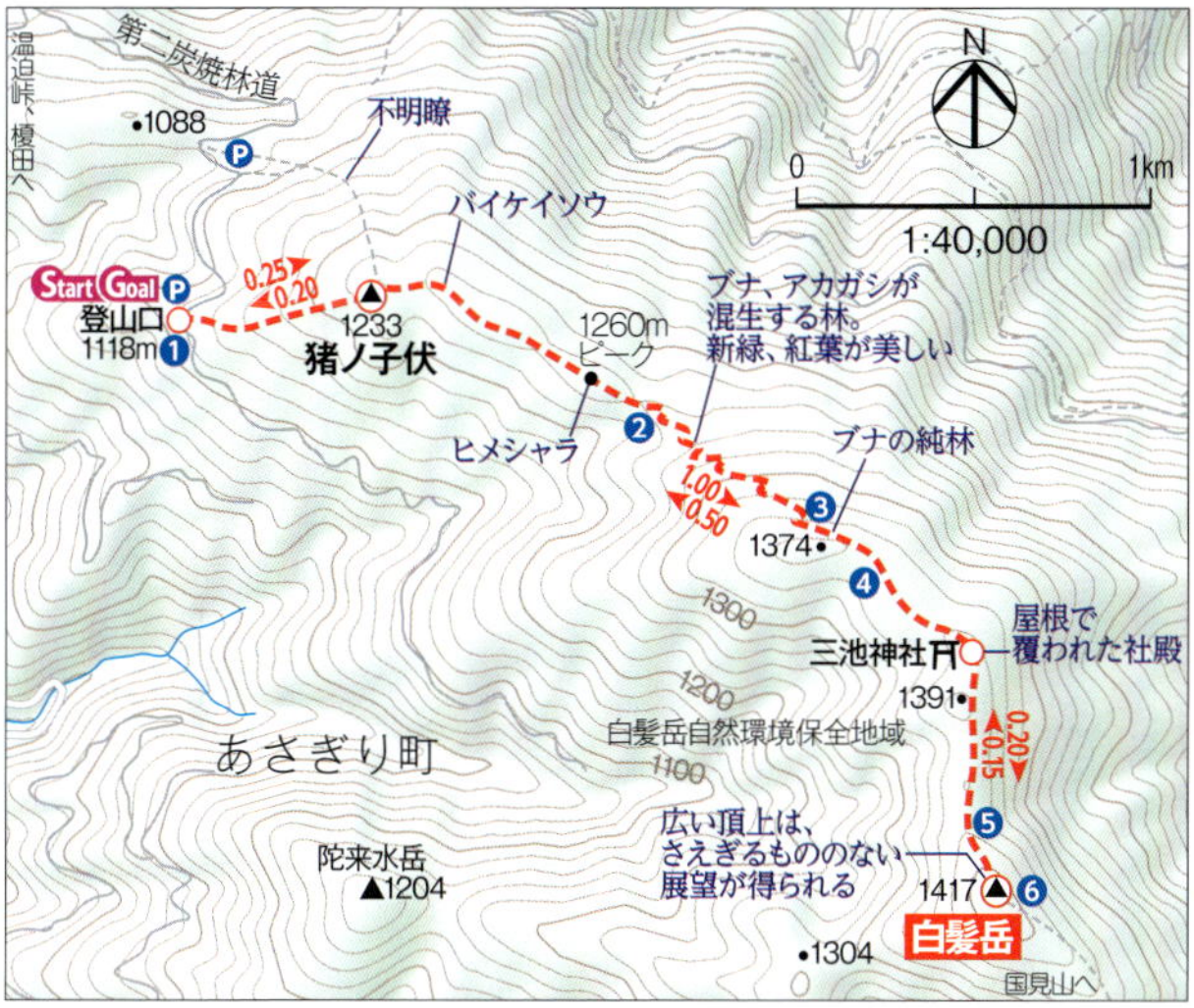

頂上にある有田焼のレリーフ

いわれ、水の神様として球磨《くま》地域の信仰を集めてきたそうだ。

白髪岳の頂上を目指して最後の登りにかかる。一帯の樹冠はブナで占められている。**白髪岳**の頂上に着くと、360度の眺望が得られる。頂上標識の脇に、佐賀県有田《ありた》町の「黒髪山《くろかみやま》を守る山の会」と地元の「白髪岳を守る山の会」の手による、「黒髪山・白髪岳姉妹山調印記念」の美しい有田焼のレリーフが据えられている。

帰りは往路を戻る。

CHECK POINT

1

ゲートで仕切られた林道の左に登山口がある

2

モミの高木が立つ鞍部から登りにかかるとブナ林がはじまる

3

ブナ林の傾斜が緩むと1374㍍ピークの広い鈍頂に上がる

4

ブナ林の端から白髪岳の頂上が見えてくると三池神社は近い

5

白髪岳の最後の登りはブナの純林を行く

6

頂上は樹木が失われ360度の視界が得られる

■鉄道・バス 公共交通機関は不可。マイカーを利用する。

■マイカー 九州道人吉ICから国道219号、県道43号を行く。ICから約30分のあさぎり町榎田集落に白髪岳方面を指す標識がある。ここから登山口まで約10㌔、約30分。山に入ると林道が枝分かれしているが要所に道標があり迷うことはない。第二炭焼林道に入り舗装が途切れてから1㌔ほど砂利道を行くと車止めのゲートの手前に登山口がある。10台ほどの駐車スペースがある。所要約1時間。

■登山適期 新緑、紅葉、樹氷と通年楽しめる。

■アドバイス 登山口の400㍍手前に旧登山道があり国土地理院の地形図には猪ノ子伏のピークまで破線があるが、今は落葉に埋もれて踏跡が消え、赤テープも剥落しており利用しない方がよいだろう。ただ登山口から薄暗い森を100㍍入るとアカガシの大木の根元に山の神の祠があり、新しい榊が添えられている。麓から通ってくる篤信者に思いを致す。

■問合せ先 あさぎり町商工観光課☎0966・45・1111

■2万5000分ノ1地形図 白髪岳

36 市房山

いちふさやま　1721m

秀麗な姿と深い原生の森に多くの登山者が引き付けられてきた

日帰り

歩行時間＝5時間40分
歩行距離＝7.4km

技術度
体力度

コース定数＝25
標高差＝1151m
累積標高差 ↗1160m ↘1160m

市房山の頂上（右）と一段下がり二ツ岩（左）へ続く鋸尾根

日本二百名山の市房山は熊本では国見岳《くにみだけ》（1739㍍）につぐ標高であり、美しい山容をもち「脊《せき》梁《りょう》の南の盟主」と目されている。頂上から南北に走る尾根は宮崎との県境をなし、両側とも急勾配で切れ落ち、熊本・宮崎の双方に1本ずつある登路はいずれも急登が続く。植生の垂直分布が明瞭で、市房杉が点在する照葉樹林から広葉樹林へと移り、頂上に近づくと明るい灌木林に変わる。そして、豊かに残る原生の森は、四季折々多彩な姿を見せる。早春のマンサクにはじまり、コブシ、ミツバツツジ、アケボノツツジと蕾が開いていくと、山全体が新緑で滴る。華やかな紅葉が散れば冬枯れの枝を樹氷が飾る。

山中に市房神社があるが、これ

■鉄道・バス
公共交通機関は不便なので、マイカーが望ましい。タクシーを利用する場合はくま川鉄道湯前駅から登山口へ。バス利用の場合はJR肥薩線人吉駅か湯前駅から産交バスで市房登山口下車、登山口へは徒歩40分。

■マイカー
九州道人吉ICから左へ進み、最初の信号を左折して広域農道（フルーティロード）に入る。湯前町松の木で国道388号に出合い、左折して水上村湯山へ向かう。湯山の町を通り抜け、看板にしたがって市房山キャンプ場へ。管理棟の下に広い駐車場がある。所要約50分。

■登山適期
通年可能。新緑やツツジの花、秋の紅葉、冬の樹氷と、いつでも楽しむことができる。

■アドバイス
▽頂上から北側の二ツ岩へと続く「鋸（のこ）」とよばれる尾根は崩壊が激しく、心見の橋から先は進入禁止になっている。ここの通過は市房山登山のひとつのハイライトであったが、状況からすると残念ながら復旧は見込めなさそうだ。
▽市房神社中宮の参道には、推定樹齢8百年から千年の大杉が50本ほどある。「市房杉」とよばれ、天然記念物に指定されている。最大のものは幹回りが8㍍を超える。

赤と白の彩色あざやかな市房神社の参籠所。拝殿が一段高い奥に建っている

市房山の頂上から北面の二ツ岩方面の展望。現在縦走はできない

は9世紀初頭に球磨《くま》の久米《くめ》城主・市房が、狩猟中に遭遇した奇岩に霊気を受け、霧島《きりしま》神社の神霊を勧請したことにはじまる。世々、人《ひと》吉球磨《よしくま》地区の信仰を集め、「お岳《たけ》参り」で民衆に親しまれ霊峰とされてきた。

市房山キャンプ場の管理棟から5分で石づくりの鳥居に着く。ここが市房神社参道の入口で、かつ登山口になる。

照葉樹の暗い森の中を、参道は高度を上げていく。参道の周りには、市房杉が時おり姿を見せる。三合目をすぎ、自然石を積み上げた八丁《はっちょう》坂の石段を上がっていく。

八丁坂を越え、市房杉が列柱のように並ぶ間を抜けていくと、やがて参道も終わり、四合目の**市房神社**（中宮）に着く。社殿の前の参籠所は白壁と赤い柱があざやかである。登路は神社の裏へ回り、ここから本格的な登山道になる。

五合目に来ると、登路からやや外れた左上方に、仏石《ほとけ》（資料によっては仏岩）がある。市房神社縁起の奇岩で、ノミで削ぎ取られた

▽山麓の湯山には、天然かけ流しの湯山温泉元湯がある。硫黄泉の美人湯で、下山後に汗を流すにはおあつらえむきだ。

■問合せ先
水上村企画観光課☎0966・44・0312、産交バス☎0966・22・5205、湯前タクシー☎0966・43・3133、わけベタクシー☎0966・43・3939、市房山キャンプ場☎0966・46・0768、湯山温泉元湯☎0966・46・0555

■2万5000分ノ1地形図
市房山

明るく開けた頂上。片隅の小さな鳥居は市房神社の上宮

＊コース図は106㌻を参照。

頂上から見える西の景観。人吉球磨の盆地が霞みの中に沈んでいる

心見の橋。岩場の亀裂に岩が挟まり、まるで橋のようだ

ような鋭く突き立つ石の柱だ。

やがて核心部のやせ尾根の急登がはじまる。捨て縄や丸太のハシゴを慎重に越えていく。風雪に耐えたツガのたくましい樹影が多くなる。

馬の背の大岩に着くと、秡川《はらいごう》の源流域と頂上方面が展望される。ここは六合目で、狭いながらもスペースがあり、休憩に適した場所だ。先にはまだ急な登りが待っているので、ひと息ついていこう。

ブナ、ミズナラなどの大木の茂るやせ尾根を登り終え、急登から解放されると、前方にヒメシャラが20数本群がっているのが見えてくる。ここで進路は右上方へ曲がり、丸太の階段の先が七合目だ。

この先、登路は頂上から南東へ張り出す主稜線へ向けて、徐々に高度を上げていく。北の方角に間近に見えるのは江代山《えしろやま》である。丸太の土留めの階段が現れ、ひと登りして主稜線に達すると傾斜が緩む。**八合目**付近では遠方まで見渡せるほど、林床や中低木林が枯れている。

　九合目で右に直角に曲がり、硬いホルンフェルス（変成岩の一種）の尾根道を一直線に登る。踊り場まで上がると頂上で憩う人影が間近に見え、残り5分の登りで**市房山**の頂上に到着する。頂上からは、脊梁南部や五木《いつき》山地、白髪岳《しらがだけ》、霧島、石堂山《いしどうやま》など、南九州の山並みをぐるりと見渡すことができる。


　西側の岩のテラスに立てば、眼下に湯山《ゆやま》の家並みが見え、登ってきた山道の急峻さがわかる。頂上から北へ100㍍ほど尾根を行けば、岩稜の間にチョックストーンが挟まった「心見《こころみ》の橋」がある。よこしまな心の人が渡ると、橋が落ちるそうだ。

　帰りは往路を戻るが、馬の背の前後の岩場は慎重に通過すること。

市房神社参道に列柱のように並ぶ市房杉

CHECK POINT

1

市房山登山口。ここから市房神社中宮まで参道を上がる。暗い照葉樹林の中に点々と市房杉が立っている

2

三合目をすぎ、八丁坂の自然石を積んだ階段を行く

3

居並ぶ市房杉の中を進む。ここまで来れば市房神社は近い

4

市房神社創建の基になった五合目の仏石。特異な姿にオーラを感じる

5

七合目をすぎて尾根に取り付いて登っていくと、北面にある江代山が姿を見せる

6

坂を登りきって頂上に着いたかと思うと、目の前にはまだ高みがある。頂上まであと5分だ

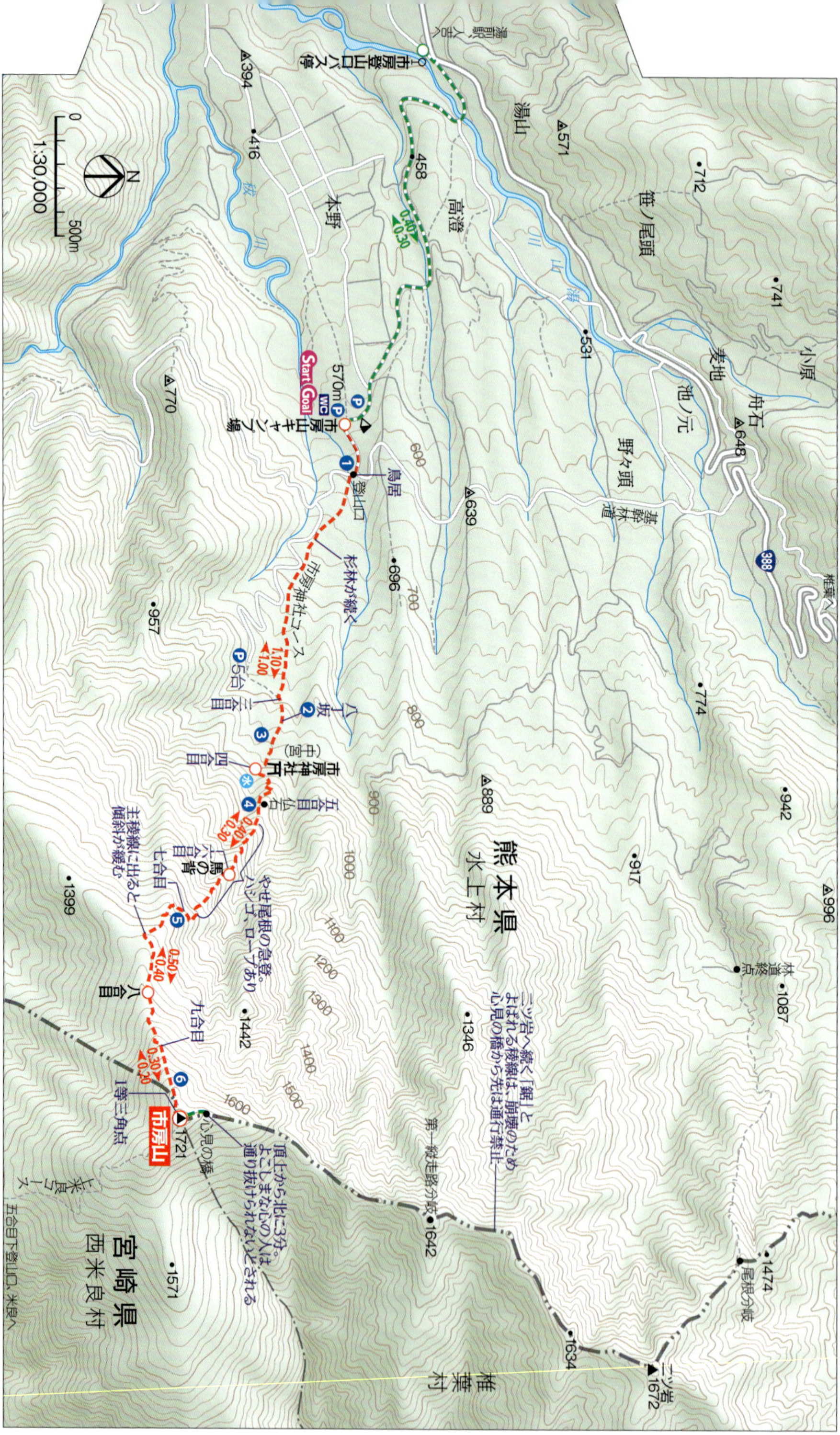
1:30,000
500m
N
市房登山口バス停
湯前駅へ
湯山
高澄
本野
笹ノ尾頭
麦地
小原
舟石
池ノ元
野々頭
基幹林道
椎葉へ
Start Goal
570m
市房山キャンプ場
鳥居
登山口
杉林が続く
市房神社コース
5合目
三合目
八丁坂
市房神社（中宮）
四合目
五合目
仙石
馬の背
六合目
七合目
やせ尾根の急登。ハシゴ、ロープあり
主稜線に出ると傾斜が緩む
八合目
九合目
1等三角点
市房山
1721
心見の橋
頂上から北に3分。よこしまな心の人は通り抜けられないとされる
二ツ岩へ続く「鯛」とよばれる稜線は、崩壊のため心見の橋から先は通行禁止
熊本県
水上村
宮崎県
西米良村
椎葉村
林道終点
第一縦走路分岐
尾根分岐
二ツ岩
1672

7つのファミリーコースがある「県民憩いの森」をめぐる

木原山

きはらやま
314m

日帰り

歩行時間＝6時間35分
歩行距離＝17・5㎞

技術度
体力度

コース定数	＝30
標高差	＝310m
累積標高差	↗1187m ↘1187m

南側の立岡池（宇土市）に映る木原山

熊本平野の南に位置する木原山は東西4キロの細長い、最高所でも標高300メートルと少々の低山だが、熊本市内からよく目立つ山だ。なだらかな主稜線には、熊本市と宇土《うと》市の境界が通っている。北麓に木原不動尊と、平重盛《たいらのしげもり》が勧請したとされる六殿宮《ろくでんぐう》がある霊地でもある。また、ここに館を構えたという源為朝《みなもとのためとも》の強弓にちなむ雁回山《がんかいさん》伝説も残っている。

登山コースは主稜線に向けて四方から上がっている。それぞれは短いが、ルートをつないで登降をくり返せば1日たっぷり楽しめる。ここでは、累積高度が千メートルを越えるややハードな組み合わせを紹介する。

まずは富合《とみあい》コースからスタートする。**木原不動尊**から車道を歩き、六殿宮の手前で左折する。右下に登山道が分かれ、それを下ると**一ノ滝分岐**がある。**一ノ滝**を往復してから、植林の中の細い谷川を遡る。二ノ滝、三ノ滝の滝行場をすぎ主稜線に上がると、すぐ左に**第一展望所**がある。

主稜線を通る、車1台分の幅の管理道コースを西に進む。雁回公園コース分岐をすぎ、ヘアピンに曲がるところに**如来寺《にょらいじ》コースの下山口**がある。下るとすぐに丸い大岩の展望台があり、宇土の街並みが見える。尾根通しに下ると、**如来寺**の境内に出る。集落の屈曲する車道を東へ進み、佐野《さの》の集落で**宇土コースの道標**に出会う。

民家をすぎて畑を抜け、照葉樹の茂る谷間に入る。急登には、白いパイプの手すりが付いている。主稜線に上がると左に先ほどの**第一展望所**があり、取り付きにトイレがある。

右へ管理道コースを行き、第二展望所とよばれていた休息所を経由し**木原山**の頂上に立つ。三角点の横に雁回山の看板がある。頂上からわずかに下ると、**松橋《まつばせ》・城南《じょうなん》**

城南展望所。城南町を中心に東の展望がよい

＊コース図は108ページを参照。

如来寺コースにある露岩。宇土市街が近くに見える

コース分岐に着く。

松橋コースを下って270㍍《メートル》ピークの真新しい**城南展望所**に立ち寄り、ひと息入れていく。急な下りを経て孟宗竹林になると、東阿《ひがしあ》高《だか》への登路が左に分かれる（**松橋・東阿高コース分岐**）。急な尾根道を下り竹林を通って松橋コース起点の海《かい》ノ平《ひら》の集落に着く。

国道266号に出て**古保山《こおやま》交差点**を経て城南町方面へ進み、東阿高コースの道標にしたがい左折する。車道を上がると、広い駐車場のある**東阿高コース登山口**に着く。先に通った**松橋・東阿高コース分岐**はあっけないほど近い。ここから**松橋・城南コース分岐**までは、先ほど下った道を登り返す。

右手の城南コースは最初の急激な下りに手間取るが、その先は順調に下っていける。谷川の水場を越えて尾根通しに下り、電気柵のある立派な孟宗竹林をすぎると農道に下り立つ。クリやカキの畑などを眺めながら集落を行くと、城南コース起点の若宮《わかみや》神社が建つ**御《ご》領《りょう》貝塚**に着く。ここから阿高集落を抜けて県道38号を西へ歩き、**木原不動尊**へと戻る。

CHECK POINT

1 木原不動尊山門。6つのコースを登下降しここへ戻る

2 六殿宮の手前で道標にしたがい右の細い車道に入る

3 デッキ上に景色の案内板がある第一展望所の展望台

4 如来寺の境内を出て集落を通る細い道を通り抜ける

5 佐野集落を通って宇土コースを進む

6 樹林の中の木原山頂上。「雁回山」の看板が立つ

7 城南コースと松橋・東阿高コースの分岐

8 国道266号から左手の東阿高コースに入る

9 若宮神社がある御領貝塚

六殿宮拝殿の源為朝の天井画

■鉄道・バス
往路・復路＝桜町バスターミナル（熊本市電辛島町電停から徒歩2分）またはＪＲ鹿児島本線宇土駅から熊本バスで木原不動前へ。バスは1日3～4本（日曜・祝日運休）。桜町バスターミナルからは約40分、宇土駅からは約10分。バス停から木原不動尊へは徒歩5分。

■マイカー
九州道御船ICを右に出て、緑川の堤防を下流に向かう。城南橋で左折して県道182号に入り直進して木原不動尊へ。じゅんさい池の横や不動尊の裏手に広い駐車場がある。所要約40分。

■登山適期
通年可能だが、低山のため、子どもや高齢者は、夏は避けた方がよいだろう。

■アドバイス
▽木原不動尊は成田（千葉県）・目黒（東京都）に並ぶ日本三大不動尊で、毎年2月28日の大祭では大護摩祈祷や火渡り、湯立ての荒行があり、参詣者や見物人で賑わう。山中にも行者の修行場を見かける。
▽六殿宮の楼門は足利末期様式の特徴を示す、明治40（1907）年に国宝に指定された重要文化財である。また、拝殿の天井には雁に射掛ける鎧姿の源為朝が描かれている。

国指定重要文化財の六殿宮楼門

■問合せ先
熊本市南区役所☎096・357・4111、熊本バス熊本中央営業所☎096・378・3447

■2万5000分ノ1地形図
宇土

38

干拓で広げられた八代平野と静かな不知火海の展望を楽しむ

竜峰山・竜ヶ峰

りゅうほうざん　517m
りゅうがみね　542m

日帰り

歩行時間＝4時間50分
歩行距離＝9・1km

技術度

体力度

コース定数＝20

標高差＝535m

累積標高差　833m　752m

竜峰山（右）と竜ヶ峰を八代平野の田圃から眺める

県央部から芦北《あしきた》地方にかけての山地と平野部の境界に、日奈久《ひなぐ》断層帯がある。八代《やつしろ》地区では、それは南北にのびる竜峰山の裾野にあたる。この断層の直近活動は2千～8千年前で、その際、山側が3メートル隆起したと推定されている。八代から見る竜峰山一帯の山腹は、長い年月の間に形成された断層面なのであろう。とんち話で知られる八代の民話「彦一ばなし」に竜峰山に棲む天狗が登場し、この山が古くから地元で親しまれてきたことが伺える。校歌にも多く取り上げられ、八代市民のふるさとの山といえる。登山口は多くあるが、東片《ひがしかた》自然公園の石段登山口から竜峰山を登り、竜ヶ峰を経て東陽《とうよう》運動公園へ下る最長の縦走コースを紹介する。

五合目広場からの西面の八代方面の眺望

石段登山口は、名前の通り777段の石段からはじまる。いきなりの急登である。踊り場で息を整えながら進もう。石段を終えると広場になり、振り返ると田園工業都市・八代の全容を見渡すことができる。そのまま小さいピークまで上がれば、そこから竜峰山まで尾根が続いている。

照葉樹やスギ・ヒノキの植林の中を、射鳥《いとり》峠まで登下降しながらたどっていく。カーブした作業道に出ると、廃屋とお地蔵さんのある**射鳥峠**まではわずかである。峠

■**鉄道・バス**
往路＝JR鹿児島本線八代駅から産交バスで東片町へ（所要8分）。東片自然公園へは徒歩5分。
復路＝ひかわの里前から産交バスでJR鹿児島本線有佐駅へ（所要11分）。

■**マイカー**
九州道八代ICから国道3号を経て東片自然公園駐車場（石段登山口）まで約500メートル。約20台駐車可。

■**登山適期**
通年可能。

■**アドバイス**
▽熊野座神社から竜峰山正面尾根を登るコースが最も登山者の多い一般ルートになっている。熊野座神社から五合目まで車道がのび、駐車場とトイレがある。五合目駐車場からは、尾根を一直線に行くルートと、管理道路を八合目広場のほうへ進み、緩傾斜のらくらくコースを行くルートとある。熊野座神社から五合目駐車場まで30分、頂上までさらに30分。
▽尾根筋には頻繁に石灰岩の岩稜が出てくる。とくに竜ヶ峰を下った先の419・4メートル4等三角点の手前200メートルの間は、竜の背びれよろしく石灰岩の露頭が連なり、岩角の上のバランス歩行を強いられる。

■**問合せ先**
八代市観光振興課☎0965・33・4111、産交バス八代営業所☎0965・32・5145

から竜峰山の肩までまっすぐに尾根を登っていく。送電鉄塔の脇をすぎ、鈍頂を越した先に八合目広場がある。そこから頂上部の茂みが間近に見えている。頂上直下の急登を頑張ると、明るい**竜峰山**の山頂広場が待っている。

植林が優勢な樹林の中を辻《つじ》峠まで下る。ここから先は幾分人通りが減るようだ。ひと登りで鞍ヶ峰《くらがみね》に立つ。捨て縄の張られた斜面を下り、緩やかに登り返していくと**竜ヶ峰**に着く。西側に干拓平野と宇土《うと》半島の眺望が得られる。

ここから下山地点の東陽運動公園まで、ほぼ一直線に尾根通しに下る。東陽分岐から先は居鷲岳《いわしだけ》経由で行く。不明瞭な箇所があるが、尾根を外さないように進む。居鷲岳には鍾乳窟があり、傍らに荒削りの石塔が立っている。東陽運動公園に着く直前に石灰岩の岩山があり、日章旗の立つ展望台となっている。**東陽運動公園**からひかわの里前バス停へは10分ほどだ。

■2万5000分ノ1地形図
鏡

コース中の石灰岩の岩稜

CHECK POINT

東片自然公園の登山口。まず777段の石段を登らなければならない

石段を登った先の太子堂のある広場。振り返ると八代平野が足元に広がる

縦走路の横に大人の隠れ家がつくられている

竜峰山頂上。あずまややベンチ、藤棚があり、三角点は北側の植林の中に立つ

竜ヶ峰からの西側の眺望。干拓平野の向こうに宇土半島が横たわっている

石灰岩が積み重なった居鷲岳頂上。風穴とよばれる鍾乳窟がある

雨乞いの岩上で旧藩時代に名勝として描かれた景観を想像する

笠山（牧山）

かさやま（まきやま）
567m

日帰り

歩行時間＝2時間35分
歩行距離＝7・9㎞

技術度

体力度

コース定数＝12

標高差＝297m

累積標高差 448m 448m

西面の御立岬から笠山を望む

笠山は、葦北《あしきた》郡芦北《あしきた》町にある標高300～500メートルの尾根にある最高所のピーク。この尾根には難所三太郎《さんたろう》峠のひとつ、佐敷《さしき》太郎峠がある。頂上には全国で48箇所しかない天測点の第44号が設置され、天文観測機器を据えるコンクリート製の観測台が三角点の標柱と並んで立っている。山の名前は深編笠の形から来たという。地元では牧山ともよぶが、ここが肥後藩の馬の牧場だったことによる。加藤清正《かとうきよまさ》にはじまり藩政が終わるまでの275年間にわたり、馬が飼育されていた。往時の牧山の景観は永青《えいせい》文庫（東京都）所蔵の「肥《ひ》後《ご》国領内名勝図巻」に描かれ、そのレプリカが雨《あめ》ヲラビ岩に掲示してある。山域はほとんどが植林で林道や作業道が入り、頂上間近の馬頭《ばとう》観音まで車で行けるが、あえて麓から登るルートを紹介する。

露岩の上に立つ雨ヲラビ岩の標識

横居木《よこいぎ》公民館から県道272号を5分ほどで、**登山口**の標識がある。県道から右の細道に入るとすぐに分岐があり、左折して小さい橋を渡り東部《とうぶ》林道を進む。林道は山神《やまがみ》川に沿ってのび、やがて石垣を積んだ水田の間を抜けていく。左へカーブすると田圃も終わって大きく育った植林の中に入り、屈

■鉄道・バス タクシーは肥薩おれんじ鉄道佐敷駅なのでやや遠い。できればマイカーを利用したい。

■マイカー 南九州道田浦ICから国道3号を北上し、赤松トンネルを抜けてすぐに右折し県道272号に入る。坂道を上がりきると右手に横居木公民館がある。所要約10分。公民館の広場に駐車スペースがある。

■登山適期 通年可能。低山のため夏の暑気には注意。

■アドバイス ▽登山口の横居木は熊本ホタル100選に選ばれているホタルの名所である。有機農業を推進し自然保護を図っている。ホタルの見ごろは5月中旬から6月初旬になる。
▽田浦ICから車で5分のところにレジャーランドの御立岬公園がある。温泉センターでは塩分を含み筋肉痛などに効く、登山後に最適という温泉が湧いている。

■問合せ先 芦北町田浦基幹支所☎0966・87・1111、芦北観光タクシー（佐敷駅）☎0966・82・2147、御立岬温泉センター☎0966・87・2555

■2万5000分ノ1地形図 田浦

登山口の横居木から見る笠山は深編笠の格好をしている

曲をくり返しながら登っていく。

傾斜が緩むと林道は二分し、交差点には木立に埋もれかけた県の**田浦《たのうら》雨量観測局**が建っている。ここで東部林道から分かれ、左の作業道を進む。513メートルピークをほぼ水平に回りこんでいくと**馬頭観音**に着く。休息所を兼ねた新しい波板の上屋の中に、こじんまりした銅板葺《どうばんぶき》の祠が佇んでいる。

ここで舗装路面は終わり、そのまま100メートルほど林道を行くと道標があり、植林の中に頂上へ向け坂道が上がっている。植林をすぎ、雨乞いの儀式が行われた雨ヲラビ岩の展望所を左に見送ってひと登りで**笠山**の頂上だ。頂上からの眺めは物足りないが、一段下の雨ヲラビ岩からは、不知火《しらぬい》海を挟んで宇土《うと》半島と天草《あまくさ》諸島が展開する、見ごたえのある眺望が得られる。

帰りは往路を戻る。

CHECK POINT

1 トイレや水道が備わる横居木公民館の広場。ホタルの案内板が立っている

2 県道272号が左へカーブする手前で右の脇道へ入る。ここが登山口だ

3 小さい橋で左折する。ガードレールに笠山まで2.9キロの標識が付けられている

4 坂道が終わると分岐に出る。正面に雨量観測の設備がある。左の作業道を行く

5 チャートの岩座に馬頭観音の祠がある。新しそうな波板の上屋で覆われている

6 馬頭観音の先にある笠山の案内板。車であればここまで来れる

7 作業道の行き止まりにある笠山の登山口。植林を登り雨ヲラビ岩経由で頂上へ

8 頂上の視界は北にわずかしかない。中央にある黒い柱は機器を載せた観測台

40

急登を抜けて頂上に立ち照葉樹海と県境の眺望を楽しむ

矢筈岳

やはずだけ
687m

日帰り

歩行時間＝2時間30分
歩行距離＝5・5km

技術度

体力度

コース定数＝12

標高差＝367m

累積標高差 ↗495m ↘495m

林道を登っていくと視界が開け矢筈岳（左）と女岳が姿を現す

高山彦九郎の和歌を刻む頂上の大岩

矢筈岳は熊本の水俣《みなまた》市と鹿児島の出水《いずみ》市の境界をなす、のっぺりとした標高500～600メートルの山並みの中にある山だ。ひとり頭を突き出した姿で、遠くから県境の位置を知ることができる。古くから海路の目印でもあった。鞍部を挟んで女岳《めだけ》が寄り添う姿は矢筈を連想させ、山の名前になった。大部分が植林で占められているが、矢筈岳、女岳とも頂上部は自然豊かな照葉樹林が残され、矢筈岳からの展望はすばらしい。

矢筈岳登山口から矢筈林道を20分ほど登って左へ大きくカーブすると視界が開け、矢筈岳と女岳が姿を見せる。小谷の沢音をすぎると**登山口**の標識が現れる。

林道から分かれ山道に入ると、すぐに登路が二分する。左は女岳との鞍部へ直接登り、右は女岳の登山口を経由して鞍部に上がる。右コースに入り、えぐれた谷間から桧林の尾根に上がって植林の中を斜上する。女岳の分岐をすぎるとすぐに**鞍部**に着く。先述の左コースとの合流点に矢筈岳の登り口があり、頂上へは照葉樹林に覆わ

■**鉄道・バス**
往路・復路＝肥薩おれんじ鉄道水俣駅からみなくるバスで招川内（まんぱ）へ（所要45分）。招川内から矢筈岳登山口まで県道117号を1キロ・約20分歩く。

■**マイカー**
南九州道水俣ICから国道3号を南下、水俣で県道117号に入る。湯の鶴温泉をすぎ、矢筈峠手前500メートルにある矢筈林道の始点へ。そこが登山口で、道路脇に駐車スペースがある。所要約35分。

■**登山適期**
通年可能。照葉樹林の若葉で華やぐ4月が最も美しい。

■**アドバイス**
▽みなくるバスは水俣市が運営するコミュニティバス。平日4便、土・日曜、祝日、年末年始2便と便数は少ないが、ダイヤにあわせた登山計画は可能。
▽水俣市街と矢筈岳登山口の中間にある湯の鶴温泉は新・日本百名湯に選ばれ、山間の静かな湯治場の風情をもつ。下山後の立ち寄り湯に最適。

■**問合せ先**
水俣市経済振興課☎0966・61・1628、みなくるバス☎0966・63・2185（産交バス水俣営業所）

■**2万5000分ノ1地形図**
湯出

れたまっすぐの尾根を登る。
ロープが張られた岩場も出てくる急な登りを頑張り、**矢筈岳**頂上に立つ。山頂標識や三角点のほかに、江戸時代中期の尊皇思想家・高山彦九郎《たかやまひこくろう》が登頂の折に詠んだ短歌が刻まれた大きい岩が中央に座る。ほかにも例年の行事らしい水俣市袋《ふくろ》中学校2年生の立志式登山の記念看板が複数立つなど、明るい頂上広場は賑やかである。西は出水の市街が展望され、南には紫尾山《しびさん》のひときわ大きい山体が目を引く。北側の一段下がった広場には祠があり、その先から北の展望が得られ、緑の山並みに包まれた水俣市街と青く霞む天《あま》草《くさ》の島並みが美しい。
頂上から**鞍部**へ戻り、女岳に向かう。展望のない狭い女岳の頂上には小さい無銘の碑が建っている。頂上を越え、巨木が立つ照葉樹の稜線をたどっていく。途中、照葉樹に覆われた矢筈岳が間近に見える展望所に立ち寄る。
植林に変わり傾斜が緩むと**林道**に出る。これは矢筈林道で、下っていくと**登山口**に戻る。あとは往路を**矢筈岳登山口**へ向かう。

CHECK POINT

1 県道117号上にある矢筈林道の始点。ここが登山口になる。道路脇に駐車スペースがある

2 矢筈林道から左の登山道に入る。すぐに登路が二分するが、どちらを登っても大差はない。ここは右へ

3 急登が続く頂上への登路には岩場もあり、残置ロープを利用するような場所も存在する

4 矢筈岳の頂上には灌木の茂みもあるが、こまめに歩くと各方角に展望が得られる

5 やせた稜線の上に小さい石塔がぽつんと立つ、狭い女岳の頂上。樹林に囲まれ展望は得られない

6 尾根を下り植林を抜けると矢筈林道に合流する。そのまま林道を道なりに下って登山口に戻る

頂上北面からの水俣市街や不知火海に浮かぶ天草の眺め

三角ノ瀬戸と三角岳。右のピークは天翔台

41 三角岳

みすみだけ
406m

照葉樹林の急登の疲れを癒す展望台からの爽快な海景

日帰り

歩行時間＝3時間30分
歩行距離＝7・0km

技術度
体力度

コース定数＝**15**

標高差＝400m

累積標高差 ↗613m ↘613m

宇土《うと》半島を遠くから眺めると、主稜の大岳《おおだけ》（477メートル）の稜線は徐々に高度を下げていき、半島の先端で三角岳がにょきっと突起している。切り立った三角岳は、三角ノ瀬戸《せと》の対岸にある飛岳《ひだけ》や柴尾《しばお》山《やま》と同じく、鮮新世《せんしんせい》頃に噴火したデイサイト（火山岩の一種）の溶岩ドームである。登山道には岩稜や急登があり、途中には天翔台《てんしょうだい》と雲竜台《うんりゅうだい》とよばれる露岩の展望台をもち、三角ノ瀬戸に迫る急崖には高い岩壁を曝している。ファミリー向けの低山だが、溶岩ドームらしい険しさももっている。

ＪＲ三角線**三角駅**から東へ30メートルで踏切を渡り、旧三角町役場（現宇城市役所三角支所）をすぎて右折すると、すぐに**三角岳登山口**の標識がある。標識にしたがい車道から別れて民家の脇の坂道を登っていくと、山域の概要を説明する案内板があり、ここから山道がはじまる。

孟宗竹林を経てアカガシやタブなどの照葉樹林の中を、ジグザグに折り返しながら高度を上げていく。両側がえぐれたU字状の溝の中を登り、平坦になると**天翔台分岐**に着く。天翔台へは眺望のない尾根を、小さいピークを2つ越えていく。**天翔台**を往復したら、北の三角岳へと向かう。

すらりとのびた照葉樹の中を気分よくトラバースしていくと、下り勾配に変わる。下りきった場所で三角西港からの登路が左から合流する。行く手は登り坂となり、岩盤が露出した箇所も出てくる。岩場を越すと、**雲竜台**とよばれる

■鉄道・バス
往路・復路＝ＪＲ三角線三角駅。または桜町バスターミナル（熊本市電辛島町電停から徒歩2分）から産交バスあまくさ号で五橋入口へ。三角駅へは徒歩10分。

■マイカー
九州道御船ICから国道445号、県道50号を経て国道3号の宇土市新松原町交差点で国道57号に入り、三角東港の駐車場へ。所要約1時間。

■登山適期
通年可能だが、夏は暑気に注意。

■アドバイス
▽天翔台にはぜひ立ち寄ろう。足元に三角の町並みと三角東港が、中景にはきらめく不知火海に大矢野や上天草の島影が浮かび、遠くに九州山地の山並みが横たわる、すばらしい眺望が待っている。
▽三角西港は、オランダ人技師の築港技術で明治20（1887）年に開港され熊本の海の玄関口を務めた。しかしエリアの狭さから役割が東港へ移り、そのため石積埠頭や石組みの水路、歴史的建造物が往時の姿を留めて遺された。区画整理で民家が立ち退き、建造物の復元や修復も行われ三角西港公園として整備されている。また三池炭鉱の積出港だった意義を評価され、世界遺産「明治日本の産業革命遺産」のひとつに指定された。下山後に立ち寄り、開放的

天翔台から三角東港を俯瞰する

露岩の展望所がある。黒々とした天翔台の照葉樹林の尾根と、振り返ればこれから登る三角岳の傾斜のきつい中腹が見えている。

雲竜台から登山道へ戻り、その急登に取り付く。木立は小振りになるが、視界は得られない。急坂が終わり穏やかな尾根を登るようになると、再び大きい照葉樹が多くなる。数回のアップダウンを経て、ふた抱えはありそうなクスノキを右に見てひと登りすると、三角岳神社の祠と不動尊などの石像が2基ある**三角岳**の頂上に着く。大木に包まれた頂上は、天翔台や雲竜台のような解放感はない。

帰りは往路を戻る。

CHECK POINT

1 左の集落の中へ入っていく車1台幅の道路が三角岳へ行く登路になる

2 集落の外れにコースの概念図が立ち、ここから登山道らしくなる

3 絶景が広がる天翔台。西に大矢野島の先に天草上島の個性的な山が並ぶ

4 天翔台分岐の先にある照葉樹林のトラバース道

5 天翔台分岐と雲竜台との鞍部で三角西港からの登路が合わさる

6 岩稜の尾根になると雲竜台は近い

7 雲竜台の近くに咲くツルボ

8 岩場がむき出しの雲竜台で展望を楽しんだら、背後に迫る急登に取り付く

9 樹林の中の三角岳頂上。三角山神社の祠と明治天皇を模した石像が目を引く

でレトロな景観を楽しんでほしい。

■問合せ先
宇城市三角支所☎0964・53・1111、産交バス☎0969・22・5238

■2万5000分ノ1地形図
三角

42 急崖の頂から巨岩重畳の景観を満喫する

次郎丸嶽・太郎丸嶽

じろうまるだけ　397m
たろうまるだけ　281m

日帰り

歩行時間＝3時間20分
歩行距離＝6・9km

技術度 2/5
体力度 1/5

コース定数	＝**14**
標高差	＝387m
累積標高差	↗574m　↘574m

東面の鋸嶽からの次郎丸嶽（左）と太郎丸嶽

次郎丸嶽と太郎丸嶽は天草上島《あまくさかみしま》の東部にある。ここには軟弱2層の海成堆積岩層の褶曲《しゅうきょく》構造があり、松島《まつしま》の名勝や懸崖を連ねる観海《かんかい》アルプスなど、特異な景観をつくる。次郎・太郎の西側はなだらかな斜面であるが、東面は頂上直下がスパッと切れ落ちた浸食崖で、次郎丸嶽の鋭角の頂上は人目を引く天草上島のランドマークだ。次郎・太郎は一塊の山体で、次郎の方が標高は高く、これには弟思いの優しい太郎に関する伝説がある（「アドバイス」参照）。

今泉《いまいずみ》登山口から西辺《にしべ》集落に入り、道標にしたがい進む。新登山道を左に見送り、集落を抜け畑をすぎ、左へカーブして尾根へ上がると新登山道と合流する。長寿の湧水が流れる谷を横切り遠見平《とおみだいら》へ上がると、**太郎分《わか》れ**は目と鼻の先だ。まず太郎丸嶽の頂を目指す。

黄色い砂岩の岩稜帯を登り、露岩の展望台の裾に出る。残置ロープがあり楽に岩の上に立てる。展望台をすぎ、登り返すと標識が立つ**太郎丸嶽**の頂上に出る。

太郎分れまで引き返し、次郎丸嶽へ向かう。次郎丸嶽東面の懸崖が迫ってくると登路は切り立ち、捨て縄のある岩場も出てくる。次郎落としの岩場を越えて、続く急登をつめると松尾《まつお》尾根ノ頭の取り付きに着く。この頭は砂岩の丸い巨石で、頂上へはこれを越えていく。フリクションが効くのでフリーで容易に登れるが、太いロープも張ってある。弥勒菩薩《みろくぼさつ》の祠を過ぎると断崖の上の**次郎丸嶽**の頂上である。北には太郎丸嶽の背後に千厳山《せんがんざん》と松島の絶景が広がり、その奥の雲仙《うんぜん》と宇土《うと》半島の三角岳《みすみだけ》が目を引く。東には、観海アルプスの白嶽《しらたけ》と鋸嶽《のこぎりだけ》が小鳥越《ことりごえ》のギャップを隔てて間近に見える。

道標にしたがい、小鳥越を目指

■鉄道・バス

往路・復路＝桜町バスターミナル（熊本市電辛島町電停から徒歩2分）から産交バスあまくさ号で今泉三叉路へ（通過便あり）。バス停から今泉登山口へ徒歩5分。

■マイカー

九州道御船ICから国道445号、県道50号を経て、国道3号の宇土市新松原町交差点で国道57号（天草街道）へ。天草五橋をすぎ国道324号の上天草市松島町今泉三差路で左折し県道34号に入る。200メートル先に今泉登山口の駐車場がある。所要約1時間30分。

■登山適期

通年。低山のため、夏は暑気に注意。

■アドバイス

▽弟より兄の太郎丸嶽の標高が低いのには訳があり、優しい兄の思いやりの伝説が地元に伝わる。もともとは太郎丸嶽の方が背が高くいつも松島の美しい景色を眺めて楽しんでいたが、後ろにいる次郎丸嶽は兄の背中にふさがれ自分は見ることができずにいた。そこで兄に不満を告げると、太郎丸嶽は気がつかなかったことを詫び次郎丸嶽も松島が見えるように山を崩して背丈を低くくし、兄弟そろって景色を楽しんだという。

■問合せ先

上天草市松島庁舎☎0969・56・1111、産交バス☎0969・22

次郎丸嶽の頂上。東の縁は絶壁になっている

観海アルプスの稜線を望む太郎丸嶽の頂上

して西へのびる尾根を下る。大きい露岩の先で西尾根を左に回りこみ、西尾根の懸崖から落ち込む急な斜面をトラバースする。トラバースのあと急傾斜の尾根をまっすぐに下り、浅い凹地を左から回りこめば**次郎丸嶽登山口**に着く。峠の頂から山《やま》神《がみ》神社コースに入る。谷へ下り川床を伝うとほどなく歩道が現れ、**今泉登山口**に続く。

・5238、松島タクシー☎0969・56・1160
■2万5000分ノ1地形図
姫浦

CHECK POINT

1 今泉の登山口。駐車スペースや案内板がある

2 登山口から約40分、太郎丸・次郎丸の分岐となる太郎分れに出る

3 松尾尾根ノ頭にある大きい砂岩の露頭。捨て縄を垂らしてある

4 弥勒菩薩を祀る祠。次郎丸嶽の頂上はもう目の前だ

5 小鳥越の次郎丸嶽登山口。車道を左へ少し登れば小鳥越に上がる

6 小鳥越の山神神社コース入口。ここから谷川伝いに下り今泉登山口へ帰る

43

観海アルプスの最も開放的なコースをめぐる

蕗岳・白嶽

つわたけ　320m
しらたけ　372m

日帰り

歩行時間＝4時間20分
歩行距離＝8・7km

技術度
体力度

コース定数＝17
標高差＝362m
累積標高差　644m　644m

中岳展望所から切り立った白嶽の胸壁を見る

蕗岳から東面の牟田漁港を俯瞰する

天草上島《あまくさかみしま》の東の海岸沿いの山並みは「観海《かんかい》アルプス」とよばれ、標高は低いが断崖をめぐらせたピークが不知火《しらぬい》海に接して連なっている。30キロほどの主稜線には縦走路があり、九州自然歩道もそこを通る。中間点の二弁当《にべんとう》峠で北部と南部に分け、それぞれ1日コースの縦走路として楽しまれている。そのうち、今回紹介する蕗岳と白嶽の区間は、北部観海アルプスのハイライト。今泉《いまいずみ》登山口から縦走路に上がり蕗岳や白嶽の頂を踏んで鋸嶽《のこぎりだけ》へ回り、そこから小鳥越《ことりごえ》へ下り今泉登山口に帰るルートだ。

今泉登山口から県道を西運寺《さいうんじ》まで行き、標識にしたがい上《かみ》の浦《うら》集落を通り抜け、九州電力の送電線巡回路を登る。明るいピークに出ると**送電線鉄塔**があり、そこから右へ尾根をたどると観海アルプスの縦走路につながる。

九州自然歩道が通る開放的な縦走路を南に向かう。蕗岳の登りは石組みや鉄製の階段の急登が続く。**蕗岳**の頂上は縦走路から5分外れたところにあり、本日最初の絶景ポイントである。

蕗岳と中岳《なかだけ》の鞍部を経て十字路に上がる。そこは白嶽と鋸嶽、湿地の分岐である。中岳を経由して白嶽へ向かう左のルートをとる。中岳の展望所では、山の名前の由

■鉄道・バス
往路・復路＝桜町バスターミナル（熊本市電辛島町電停から徒歩2分）から産交バスあまくさ号で今泉三叉路へ（通過便あり）。バス停から今泉登山口へ徒歩5分。

■マイカー
九州道御船ICから国道445号、県道50号を経て、国道3号の宇土市新松原町交差点で国道57号（天草街道）へ。天草五橋をすぎ国道324号の上天草市松島町今泉三差路で左折し県道34号に入る。200メートル先に今泉登山口の駐車場がある。所要約1時間30分。

■登山適期
通年可能。低山のため夏は暑気に注意。絶滅危惧種のアマクサミツバツツジは4月中旬が見ごろ。

■アドバイス
▽白嶽の中腹の白嶽森林公園にはバンガローやテントサイトのある立派なキャンプ場がある。公園内の白嶽と鋸嶽の谷間には高地湿原が広がり、日本一小さいハッチョウトンボが生息している。また環状列石や石舞台の形状をした謎めいた矢岳巨石群が、パワースポットとして注目を集めている。

■問合せ先
上天草市松島庁舎☎0969・56・1111、産交バス☎0969・22・5238、松島タクシー☎096

白嶽(右)と蕗岳が並び、手前に鋸嶽が重なるように見える

CHECK POINT

登山口から県道34号をたどり、西運寺の手前で県道から分かれて左に入る

車道を離れ、左の山道に入る。この道は九電の鉄塔巡視路でもある

観海アルプスの縦走路に合流する。蕗岳へは右に進む

蕗岳へは階段が付けられた急な登りになっている

鞍部には十字の交差路がある。左折して中岳へ登る

白い岩のテラスになっている白嶽の頂上。展望もすばらしい

白嶽を下りキャンプ場への車道を横切る。両脇にアマクサミツバツツジがある

鋸嶽の頂上。あずまやをすぎて鞍部へ下り、小鳥越へ降りるルートに入る

来になった白い胸壁をさらす白嶽の全景が見える。

中岳を下り右下のキャンプ場を見送ると、ひと登りで**白嶽**の頂上だ。北部観海アルプス最高所からの360度の展望を満喫しよう。

頂上から鋸嶽方面に向かう急な階段を下る。階段から左の尾根を回りこみ、車道まで降りてさらに谷川を横切って鋸嶽の登りにかかる。**鋸嶽**の頂上からは、次郎丸嶽《じろうまるだけ》と太郎丸嶽《たろうまるだけ》が小鳥越の谷間を挟んで正面に見える。

9・56・1160、白嶽森林公園☎0969・56・0777
■2万5000分ノ地形図
姫浦

頂上のひとつ先の鞍部の左に小鳥越への下山口がある。ザイルが欲しくなるような急な谷筋を、立木に頼りながら下る。尾根に乗ると足場の安定した道に変わり、九電の鉄塔をすぎるとほどなく**小鳥越**に下り着く。

峠からは次郎丸嶽の山神《やまがみ》神社コースをたどり、**今泉登山口**へ戻る。

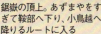

44

観海アルプス最高所の頂から不知火海を俯瞰する

念珠岳

ねんじゅだけ
503m

日帰り

歩行時間＝5時間5分
歩行距離＝13・2km

技術度
体力度

コース定数＝**22**
標高差＝499m
累積標高差 881m 881m

二間戸の登山口付近から念珠岳を仰ぐ

念珠岳は南部観海《かんかい》アルプスの中央部に位置する。上天草《かみあまくさ》市姫戸《ひめど》町二間戸《ふたまど》から見上げる突兀とした姿は、不知火《しらぬい》海に向け急崖の胸壁をさらす観海アルプスの中でも、際立って男性的だ。登路は照葉樹林や植林を通りおおむね眺望に乏しいが、念珠岳や烏帽子岳《えぼしだけ》、三ツ岩《みついわ》から望めば岩稜と海が織りなす息を飲むようなパノラマを目にする。

三ツ岩から龍ヶ岳（左）と大作山集落を見る

二間戸本郷《ほんごう》バス停から集落を抜けるまでは、要所に道標がある。林道大川《おおかわ》線をひと登りすれば、舗装道がたんたんと続く。左にカーブする堀切に、白いパイプの手すりのある歩道が尾根に沿って上がっている。ここが**念珠岳の登山口**だ。

梅林の先から照葉樹林の急登がはじまる。掘割のようにV字にえぐれた底には、枯れ葉が厚く積もっている。右から上がってくる尾根に乗ると、まもなく九州自然歩道が通る主稜線に出る。傍らに地蔵菩薩が佇み、**地蔵峠**とよばれる。

丸太の土留めの階段を登り、ピークをひとつ越える。展望所をすぎ、石段の急坂を登ると道標が立つ三叉路

■鉄道・バス
往路・復路＝桜町バスターミナル（熊本市電辛島町電停から徒歩2分）から産交バスあまくさ号で松島へ、産交バスに乗り換え二間戸本郷へ。

■マイカー
九州道御船ICから国道445号、県道50号、国道3号の宇土市新松原町交差点で国道57号（天草街道）に入る。上天草市松島町合津交差点を左折して国道266号を姫戸町二間戸へ。所要約1時間40分。空き地か道路脇に駐車スペースを探す。

■登山適期
通年可能。低山のため夏の暑気には注意する。冬の澄明な大気の中で輝く不知火海の眺望をおすすめする。

■アドバイス
▽二間戸や大作山のほか、北面の二弁当峠からのコースもある。峠の旧トンネルから大谷林道を約50分で登山口へ。九州自然歩道をたどり、地蔵峠を経て念珠岳頂上まで1時間50分。

■問合せ先
上天草市姫戸統括支所☎0969・58・2111、産交バス☎0969・22・5238、松島タクシー☎0969・56・1160、姫戸タクシー☎0969・58・3456

■2万5000分ノ1地形図
姫浦・高戸・棚底

絶滅危惧種のアマクサミツバツツジ。見ごろは4月中旬

に上がる。左に入り急斜面を立木にすがって登ると**念珠岳**の頂上に立つ。正面に不知火海と九州脊《せき》梁《りょう》が、左右には岩稜を曝す観海アルプスの景色が展開している。後方には雲仙岳《うんぜんだけ》も近い。

三叉路へ戻り、大作山《おおさくやま》集落方面へ向かう。念珠岳から烏帽子岳へ向け、ほぼ水平に西側の山腹を巻いていく。烏帽子岳の迂回路の途中に頂上へ立ち寄る脇道があり、空中に飛び出たような**烏帽子岳**頂上の狭い岩の上から絶景が望める。

三角点のある430メートル《メートル》ピークを下り、三ツ岩へ立ち寄っていく。**三ツ岩**からは、日本棚田百選の大作山千枚田や恐竜と化石の島・御所浦《ごしょうら》などの島影、それに天草下《しも》島《しま》方面の眺めがすばらしい。

縦走路へ引き返し、**大作山登山口**がある三叉路へ一気に下る。ここを左折し、市道大作山西川《にしがわ》内線を下る。単調な車道歩きだが、烏帽子岳と念珠岳の2つ並んだ岩峰の眺めが目を引く。

下貫《したぬき》との分岐を左折し、神代《こうじろ》へ下る。二間戸港で国道266号に出て**二間戸本郷バス停**まで歩く。

CHECK POINT

1 二間戸本郷バス停そばの国道がカーブするところに登山口の標識がある

2 林道大川線上の登山口から斜めに上がる登山道に入る

3 縦走路に出ると地蔵の石仏がある(地蔵峠)。念珠岳方面へは左の階段を上がる

4 標識が立つ三叉路に上がる。念珠岳の頂上は左の樹林の急坂を登る

5 切り立った念珠岳頂上の裾を照葉樹の樹海が取り巻き、不知火海が青く輝く

6 縦走路から脇にそれ、絶頂の狭い露岩の烏帽子岳の頂上に立つ

7 ヘアピンカーブにある三ツ岩への分岐。寄り道をして展望を楽しんでいこう

8 車道の交点にある大作山の登山口。左に市道大作山西河内線を二間戸方面へ下る

45

眺望に優れる観海アルプスの中でも第一等の景観を楽しむ

龍ヶ岳

りゅうがたけ
469m

日帰り

歩行時間＝2時間10分
歩行距離＝4・7km

技術度
体力度

コース定数	＝**11**
標高差	＝469m
累積標高差	登り 512m / 下り 508m

大道港から見る端然とした龍ヶ岳の容姿

頂上からの大道港。沖に浮かぶのは御所浦島

龍ヶ岳は観海《かんかい》アルプスの南のしんがりに位置する。白亜紀姫浦《ひめうら》層群の土台の上に第三紀堆積岩層が重なる二重の構造で、南北に長い頂上は南で不知火《しらぬい》海に切れ落ちている。横から見ると突き出た岬のような姿だが、南の大道《おおどう》港から見上げる山容は武者返しのようにそり上がる、シンメトリックな台形をしている。頂上まで車道が通じ、広い台地状の頂上にはバンガローや天文台などを備えた自然公園があり、登山者のほかに公園の来訪者が行き交っている。

竜ヶ岳登山口バス停からスタートし、脇浦《わきうら》川に沿いに高戸《たかど》コース（椿ロード）を登る。右に支谷を2つ分けて進むと、根元に山の神の祠が建つ威厳のあるスギの老木に出会う。老木の背後の尾根に左から回りこんで上がり稜線を行くと、**作業道**と交差する。左にあずまやがある。

作業道を横切って進む。尾根通しにコンクリ丸太の階段を上がり、大きい砂岩に付いた弁慶《べんけい》の足跡に興じていく。稜線直下に来ると急傾斜になる。谷側にクサリの手すりが張られた階段を、ジグザグに折り返しながら登る。登りきると**ログハウス**が建つ自然公園の遊歩道に出て、左へピークをひとつ越えると**龍ヶ岳**の頂上に着く。山頂広場の展望所から不知火海と九州脊梁《せきりょう》や肥薩《ひさつ》山地のパノラマを展望できる。大気の状況によっては阿蘇《あそ》・九重《くじゅう》、霧島《きりしま》も姿を見せている。

頂上をあとに車道を北へ少し下り、民家の手前から左へ大作山《おおさくやま》集落に下る西登山道に入る。照葉樹林の薄暗い中に大岩を眺め水源の音を聞きながら下ると、すぐにヒノキの植林に変わる。稲妻型に何度も折れ曲がる作業道をどんどん下り大作山に出る。

西登山口の南にある三叉路からガードレール越しに谷を見下ろす

■鉄道・バス
往路＝桜町バスターミナル（熊本市電辛島町電停から徒歩2分）から産交バスあまくさ号で松島へ、同バスに乗り換え竜ヶ岳登山口へ。
復路＝大道港入口から産交バスで松島へ、同バスあまくさ号に乗り換えと、コンクリート敷きの階段が下っている。これが中園《なかぞの》歩道だ。谷筋沿いにほぼまっすぐに下り、背の高い堰堤の先で大道港の町並みに入る。

国道に出ると左に**大道港入口バス停**がある。

CHECK POINT

1 脇浦の竜ヶ岳登山口バス停から谷川沿いに登っていく

2 神木として祀られているスギの老木の脇を通って左の尾根に上がる

3 あずまやがある作業道に出る。頂上へはこれを横切って植林の中を登る

4 急登を終え、ログハウス風のレストランの横を左折して頂上へ向かう

5 山頂広場南の展望デッキ。展望パノラマ図があり、見比べながら風景を楽しめる

6 頂上の駐車場から車道を少し下り、左手の西登山道（大道下山道）へ入る

7 西登山道を大作山集落へ。左のすぐ先に三叉路があり、ガードレール先が下山口

8 大道の民家の中を抜けると国道266号に出る。左に大道港入口バス停がある

桜町バスターミナルへ。

■**マイカー** 九州道御船ICから国道445号、県道50号、国道3号を経て、宇土市新松原町交差点で天草街道に入る。松島町合津の交差点を左折して国道266号を龍ヶ岳町脇浦の竜ヶ岳登山口バス停へ（約1時間50分）。海岸の堤防近くに駐車スペースを探す。帰途の大道港から脇浦までは産交バスまたはタクシーを利用。

■**登山適期** 通年可能。低山のため夏の暑気に注意する。冬の澄明な大気の中で輝く不知火海の眺望をおすすめする。

■**アドバイス** ▽天草は水源の乏しい地で、生活用水、農耕用水の確保に苦労してきた。天草上島の一部は不知火海対岸の八代から海底の送水管を通し、水の供給を受けている。龍ヶ岳頂上の蛇口から出る水も、眼下の不知火海をくぐってきていると思うと感慨深い。

■**問合せ先** 上天草市龍ヶ岳統括支所☎0969・62・1111、産交バス☎0969・22・5238、松島タクシー☎0969・56・1160、上天草ラインタクシー☎0969・62・1100、龍ヶ岳山頂自然公園☎0969・63・0155（キャンプ場）

■**2万5000分ノ1地形図** 高戸・棚底

秀麗な倉岳六峰を望む。抜きんでた倉岳が美しい

46

日帰り

倉岳・矢筈嶽

海抜0㍍から倉岳六峰をめぐり海抜0㍍へ下る

くらたけ　682m
やはずだけ　626m

歩行時間＝4時間30分
歩行距離＝9・8km

技術度 ■□□□□
体力度 ■□□□□

コース定数	＝20
標高差	＝682m
累積標高差	↗ 881m ↘ 888m

倉岳は天草《あまくさ》諸島の最高峰であり、同じく第2位の矢筈嶽と稜線をつなげて不知火《しらぬい》海に向かって倉岳町を包みこんでいる。すっきりとしたピラミダルな容姿に登高欲がそそられる。頂上まで車道が通じて以降登山道が荒れてしまい、頂上へは車道をたどることになっていた。しかし、最近地元有志の熱意により看板・テープの設置やルートの整備が行われ、登山を楽しめる山としてよみがえった。

浦《うら》川に架かる名桐《なぎり》大橋が**浦川河口0㍍登山口**である。浦の集落を抜けると、浄水場下から山道がはじまる。急登のあと、なだらかな尾根に乗る。右にしいたけファームへ下る林道と接すると、まもなく**鬼の岩**に着く。

鬼の岩の少し先から林道を行く。米《こめ》の山《やま》を右から回りこむと、左に頂上への登山道が上がっている。**米の山**のピークは桧林の中にある。頂上の先で再び林道に合流する。棚底《たなそこ》へ下る延命《えんめい》道を左に見送り林道を進むと、倉岳の頂上への登山道が右に上がっている。照葉樹林の急登を抜けると、倉岳神社の祠と展望台のある**倉岳**の頂に出る。

コンクリート敷きの参道を、あずまややトイレのある広場まで下る。広場からヒノキの植林の中を、なだらかに起伏する稜線を歩く。右の一段下に林道が並走している。歩道から右に10㍍入ったところに権現様の小さい石像がある。ここが**大権現**のピークだ。登路が林道へ合流し緩やかに登っていくと、金刀比羅宮《ことひらぐう》の額がかかった大きい鳥居が現れる。鳥居をくぐり、**矢筈嶽**の頂上に立つ。

鳥居へ戻り、左手の照葉樹林の中を下る。途中でマウンテンバイクのトライアルコースと重なる部分がある。てしご池分岐をすぎるとやがて**明神嶽**《みょうじんだけ》に着く。頂上直下の大明神様の祠の脇を下ると谷川に出る。ここから五月雨瀧《さみだれのたき》に立ち寄るには往復20分を要する。

てしご池の堤の造成用作業道を下り、**319㍍ピーク手前の分岐**で右の登山道に入る。照葉樹の中をどんどん下っていくと、国道上の**梅《うめ》の木《き》0㍍登山口**に降り立つ。

倉岳からの棚底の町並み。不知火海の島の間を船が行き交う

CHECK POINT

名桐大橋の浦川河口登山口。海抜0ﾒｰﾄﾙである

浄水場の下で左の山道に入っていく

左に延命道を見送ると分岐がある。倉岳へは右へ進む

倉岳の頂上には倉岳神社や整備された展望所がある

矢筈嶽の頂上は金刀比羅宮の社域になっている

明神嶽の明神様の祠とシンボルの老木

てしご池と五月雨瀧の分岐。左の作業道を下る

319ﾒｰﾄﾙピーク手前分岐。左はMTB道で、右の山道へ

■鉄道・バス

往路＝桜町バスターミナル（熊本市電辛島町電停から徒歩2分）から産交バスあまくさ号で松島へ、同バスに乗り換え鶴戸へ。

復路＝梅の木から産交バスで松島へ、同バスあまくさ号に乗り換え桜町バスターミナルへ。

■マイカー

上天草市松島町までは118ﾍﾟｰｼﾞ参照。松島町知十橋交差点から県道290・34・59号を経て倉岳町浦地区の名桐大橋へ。20ﾒｰﾄﾙ先に公衆トイレがあり7台の駐車スペース。九州道御船ICから所要約2時間。下山後マイカーのデポ地までは産交バスまたはタクシー（梅の木～鶴戸・20分）を利用する。

■登山適期

通年可能だが盛夏は避けたい。

■アドバイス

▽棚底から倉岳へ直接登る登山道として、遠望道と延命道がある。また、矢筈嶽へは花道登山道がある。

■問合せ先

天草市倉岳支所☎0969・64・3111、産交バス☎0969・22・5238、倉岳タクシー☎0969・64・3355

■2万5000分ノ1地形図

大島子・棚底

47 染岳《そめだけ》 380m

古刹から八十八カ所をめぐって照葉樹林の頂上へ

日帰り

歩行時間＝2時間5分
歩行距離＝5・1km

技術度 ★☆☆☆☆
体力度 ★☆☆☆☆

コース定数	＝9
標高差	＝364m
累積標高差	↗399m ↘399m

染岳観音院の入口がある北麓の山口から染岳を見る

開基から千年を越える観音院の境内。背後を照葉樹の黒々とした森が囲っている

天草上島《あまくさかみしま》を南下し本渡《ほんど》に近づくと、市街の背後に佇む端正な三角形の染岳の姿が目に入る。中腹から頂上まで照葉樹に覆われ、遠目からも濃厚な自然の気配が感じられる。中腹に染岳観音院があり、ここは弘法大師《こうぼうだいし》の法孫・妙覚《みょうかく》法師が天慶4（941）年に開基し、長く天草における真言宗の中心であった。小西行長《こにしゆきなが》の兵火で途絶えたのち江戸期に黄檗《おうばく》宗で再興され、現在は曹洞宗金慶寺《きんけいじ》が掌管している。染岳観音院は縁結びのご利益があるとされるが、それは再興するときにつくった観音像の体内に元のご本尊を刻みこませたことから「ハラゴミ観音」といわれることによる。染岳観音院には紀州（和歌山県）道成寺《どうじょうじ》の安珍《あんちん》・清《きよ》姫伝説に類する言い伝えがある。道成寺では鐘に隠れた安珍が鐘ごと清姫に焼き殺されるが、当地では安珍は観音院にかくまわれて助かり、清姫は蛇の姿のまま安珍を求め今もさまよい続けているという。

山口バス停から登山口のある観音院まで車道が通じている。無畏《むい》庵《あん》をすぎて静かな集落を行くと分岐があり、「観音院まで左1・5キロ・右1・3キロ」との標識がある。これは観音院の手前で合流するが、右を行けば染岳の正面が仰げる。ここは左に進み、**溜め池**を経由して登っていく。

合流後、カーブをくり返しながら登っていくと照葉樹の森が広がる。駐車場から右のコンクリート敷きの歩道に入ると、そのまま観音院に上がる急な石段の参道になる。境内には左に**大師堂**があり、その先から登路がはじまる。道に沿って八十八カ所の札所があり、大日如来、薬師如来、地蔵尊、不動尊、千手観音など、寄進者たちそれぞれの願いをこめた石仏が次々と現れる。

五合目あたりの四十一番地蔵尊

頂上奥の日の差さない広場に、染岳山頂の標識が立っている

まで登ると、巡礼路は尾根の登路を逸れて右の谷間へ下っていく。これからは仏様の道連れなしの登高となる。尾根が次第にやせてくると岩稜がせり出し、手すり代わりのクサリが谷側に張られている。3箇所目のクサリ場でクサリにつかまり岩をよじると、すぐに山頂広場に出る。照葉樹に囲まれた展望のない広場の奥に、**染岳**の山頂標識が立っている。

帰りは往路を戻る。

CHECK POINT

1 本渡バスセンターから約10分、県道24号上の山口バス停から車道を染岳へ向けて歩きはじめる

2 登路は左右に分かれるが、集落の上で合流する。所要時間も大差はない。ここは左の溜め池経由で進む

3 本堂から左へ行くと大師堂の手前で登路は二分する。八十八カ所巡礼路は左から上がり、右を下ってくる

4 樫の木の根元には千手観音が置かれている

5 三十八番の千手観音。金の彩色は、まだ新しく輝いている

6 四十一番地蔵尊。ここから巡礼路は右へ山腹を下っていく。頂上は尾根伝いにまっすぐ登る

■鉄道・バス

往路・復路＝桜町バスターミナル（熊本市電辛島町電停から徒歩2分）から産交バスあまくさ号で本渡バスセンターへ。同バスに乗り換え山口へ。

■マイカー

九州道御船ICから国道445号、県道50号を通り、国道3号の宇土市新松原町交差点で天草街道に入る。本渡市街から、県道44・24号の本渡町山口バス停で左折し、100㍍先の無畏庵近くで駐車スペースを探す。さらに進めば観音院参道入口にある駐車場まで行ける。所要約2時間。

■登山適期

通年可能。低山のため夏は暑気に注意が必要だが、観音院から上は照葉樹の深い森で日差しはさえぎられる。ただしやぶ蚊が多いので、その対策をしておいたがよい。防虫スプレーもよいが、長袖や長ズボン、軍手、防虫ネットで体を覆えば完璧（暑苦しいのがネックだが）だろう。

■アドバイス

▽旧暦1月18日と6月18日は染岳観音院にて染岳例祭が行われる。

■問合せ先

天草市観光振興課☎0969・23・1111、産交バス☎0969・22・5238、本渡港タクシー☎0969・23・3111

■2万5000分ノ1地形図

本渡

48

徳川幕府の官山の歴史をもつ自然豊かな照葉樹林をめぐる

角山

かどやま
526m

日帰り

歩行時間＝2時間35分
歩行距離＝6・6km

技術度

体力度

コース定数	＝12
標高差	＝364m
累積標高差	↗ 518m ↘ 518m

1等三角点がある角山の頂上

角山は天竺《てんじく》（538㍍）についで天草下島《あまくさしもしま》第2の標高である。島のほぼ中央にあり、本渡《ほんど》、河浦《かわうら》、天草（ともに天草市）の3町にまたがっている。第三紀砂岩頁岩《けつがん》互《ご》層《そう》の堆積岩からなる山体で、中腹から上は黒々とした照葉樹林に覆われている。北西の福連木《ふくれぎ》のカシは木質が固く槍やなぎなたの柄に使われていたが、江戸期に角山を中心とする福連木官山という御用林になり、将軍家の槍の柄はこの官山のカシの木が用いられることになる。伐り出したカシは下田《しもだ》へ搬出されたが、道中の警護は厳しく、沿道の住民は土下座させられたそうである。カシは下田で一週間潮に浸し、海路大阪へ運んだという。周囲は大正11（1922）年には角山学術参考保護林に指定され、照葉樹林の自然が残されている。

福連木子守唄公園から県道35号を少し上がると、舗装された林道が左に分かれる。道標が目印だ。下津深江《しもつふかえ》川の支谷に沿って林道は続く。ヘアピン状に右に曲がる地点に水場が、さらに300㍍ほど行くと道標があり（**登山口**）、左の植林の中に登路がのびている。

丸太の土留めの階段を登り、尾根に上がると進路は左に曲がる。照葉樹が茂る暗い尾根通しの登路になり、2つほど小ピークを越えると**五太郎山《ごたろうやま》分岐**に着く。右の五太郎山へは踏跡らしいものはないが、テープをたどれば容易にピークまで行ける。往復15分である。ただし展望はない。

五太郎山分岐から角山の西の主稜線を登る。小ピークを越えると右下間近に林道が見える。老木が枝を張るうっそうとした照葉樹林の中、じわじわと高度を稼いでいく。傍らに元禄十一年の代官高札

■鉄道・バス
往路・復路＝桜町バスターミナル（熊本市電辛島町電停から徒歩2分）から産交バスあまくさ号で本渡バスセンターへ、タクシーに乗り換え福連木子守唄公園へ。

■マイカー
本渡市街へは129㌻参照。市街から国道266号、県道24号を通り県道35号に入り福連木子守唄公園の駐車場へ。所要約2時間20分。

■登山適期
通年可能。

■アドバイス
▽福連木には五木の子守唄の元歌といわれる子守歌が伝わる。角山が官山になると、稼ぎ場を失った村の暮らしは苦しくなり、小さい娘たちも子守奉公に出かけ家計を助けなければならなかった。歌には家郷を離れた子どもの哀愁が託されている。
▽登山口の福連木子守唄公園にはオートキャンプ場がある。併設してテント設営場やバーベキューセットなども利用できる。
▽登山口から古くからの湯治場の下田温泉までは車で10分の距離。

■問合せ先
天草市天草支所☎0969・42・1111、産交バス☎0969・22・5238、本渡港タクシー☎0969・23・3111、福連木子守唄公園☎0969・45・0852

CHECK POINT

福連木の子守唄公園から県道を上がっていくと左に林道が分かれ、登山口の標識がある

▼

林道が右に大きく曲がるところに水が湧いている。ここで給水していこう

▼

登山口。林道から左の植林の中へ登路が入っていく

▼

山中に立っている留山規制の代官高札のレプリカ。枝葉の採取までも禁じられている

▼

尾根に上がると富岡往還跡の標識がある。日差しのない寂しい森だが、その昔幹線が通っていた

の模作が立っており、「伐採は一切まかりならぬたとえ枝葉でも伐ったものは罪人にする」と定めていたようだ。

　左から登路が合流して急登となり、つめていくと**富岡《とみおか》往還跡の標識**がある。藩政時代に福連木と富岡代官を結ぶ重要な道路であったという。進路が右に曲がり、登りつめると宮地岳《みやじだけ》町からの登路と合流する。緩やかに下ってから登り返すと、これまでの薄暗い森から解放され、四周が切り開かれた明るい**角山**の頂上に出る。

　帰りは往路を戻る。

■2万5000分ノ1地形図
鬼海ヶ浦

南麓の天草市河浦町銭瓶集落から角山を望む

49 頭岳《がしらだけ》 466m

新合地区のふるさとの山から天草島東部のパノラマを楽しむ

日帰り

歩行時間＝2時間40分
歩行距離＝7・1km

技術度 ▲
体力度 ●

コース定数＝12
標高差＝421m
累積標高差 ↗503m ↘503m

丸い頭岳（左）とこんもりとした突起の小頭岳

頭岳は天草下島《あまくさしもしま》の南部に位置し、天草市河《かわ》浦《うら》町新合《しんごう》に登山口がある。頂上には観世音菩《かんぜおんぼ》薩《さつ》が新合の集落を向いて立ち、新合の住民に親しまれてきた山であることが知れる。菩薩像と並んで山名の刻字された碑があるが、これは昭和8（1933）年の国立公園審議官・脇水《わきみず》鉄五郎博士の登頂記念碑である。筆跡は博士の揮毫によるもので、博士は村人の担ぐカゴに乗って登頂したという。平成6（1994）年から3カ年におよんだふる里森林整備事業の主たる事業の森林開発にあわせて、かねてから地元の要望の強かった頭岳登山や頂上の観音様参りの登山道として林道が開通した。今は林道終点の八合目まで車で上がることができる。

新合バス停から国道を本渡《ほんど》方向に進むと、津留《つどめ》神社の入口がある。神社の鳥居の枠の中にまるで額縁に収まったようにして頭岳が見え、胸壁と右の小《こ》頭岳の突き出た岩場が目に付く。神社を右から回りこみ、津留の集落の中を緩やかに登っていく。500㍍ほど行くとT字路に出合い、左折して段々畑の中を折り返しながら登っていく。以前は孟宗竹林を右に大きく曲がるところに登山口があり、そこから山道をたどっていたが、林道の開通後は山道は残っていない。

■**鉄道・バス**
往路・復路＝桜町バスターミナル（熊本市電辛島町電停から徒歩2分）から産交バスあまくさ号で本渡バスセンターへ。同バスに乗り換え新合へ。

■**マイカー**
九州道御船ICから国道445号、県道50号を通り、国道3号の宇土市新松原町交差点で天草街道へ。本渡市街から国道266号を河浦町新合の津留神社へと向かう。所要約2時間20分。道脇に駐車スペースを探す。なお、八合目の林道終点まで車で上がれば時間が短縮できる。

■**登山適期**
通年可能だが、低山のため夏は暑気に注意。

■**アドバイス**
▽登山口の津留神社には江戸時代中期から続く秋祭りがある。肥後神楽や獅子舞が行われ、槍、鉄砲などの行列が通る。とくになぎなたの行列は小学生の女子が担当するのが異色だ。近年は少子化で祭りを継承する子どもの数が減っていき、規模が縮小しているそうだ。

■**問合せ先**
天草市河浦支所☎0969・76・1111、産交バス☎0969・22・5238

■**2万5000分ノ1地形図**
鬼海ヶ浦

CHECK POINT

国道脇の津留神社の鳥居をくぐるところが登山口。ここから登山がはじまる

▼

登山口から小1時間、林道終点は広場となっていて、駐車スペースもある

▼

稜線に上がると分岐がある。左が頭岳、右へ行くと小頭岳の頂上だ

▼

その稜線の分岐には、右に彫られたお地蔵様が鎮座している

▼

頭岳からは南面の新合集落の静かな佇まいを間近に望むことができる

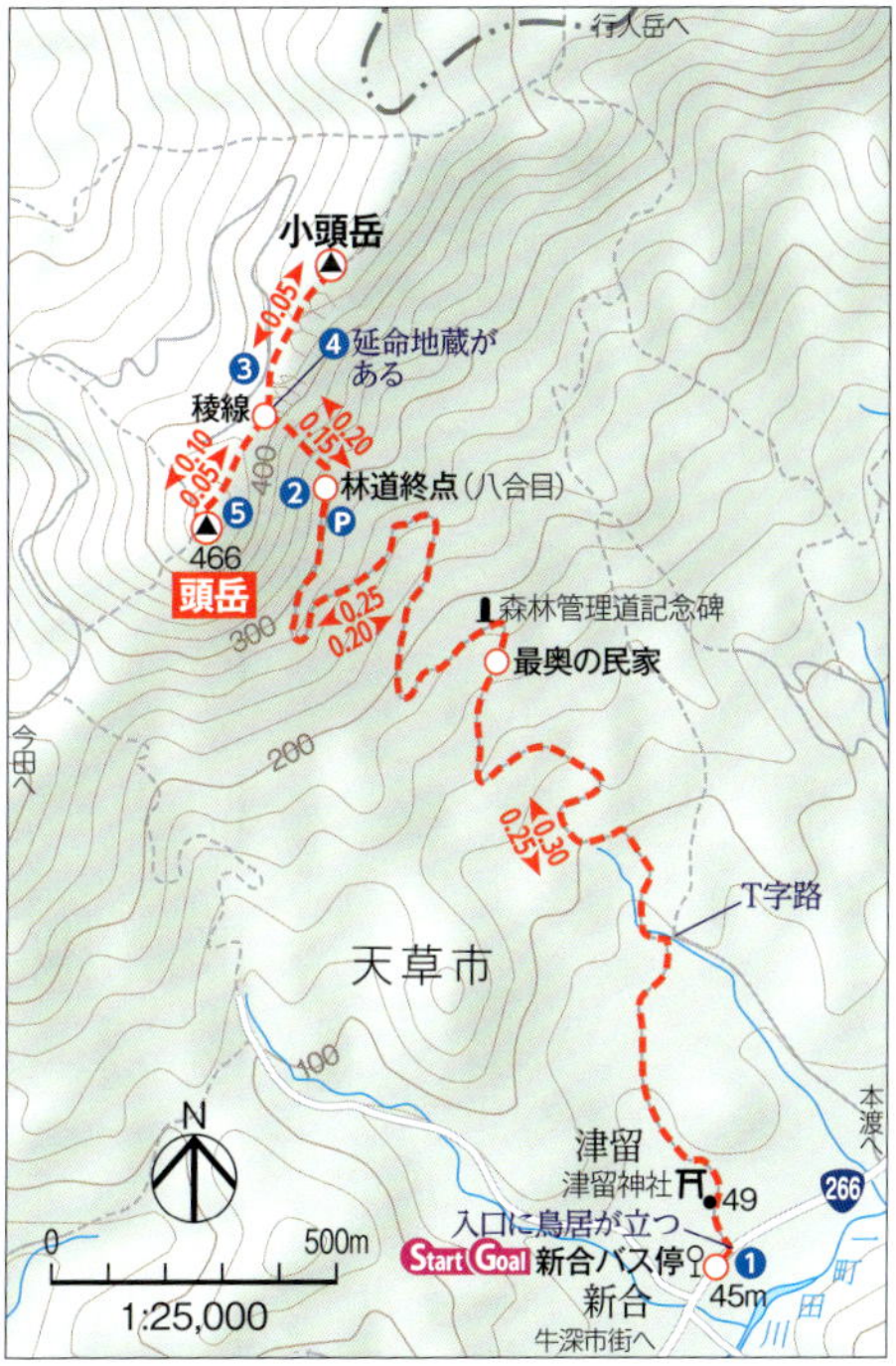

最奥の民家をすぎ左に曲がると、林道開通記念の碑文が立っている。さらに右に左に屈曲しながら植林の中を登ると、八合目となる**林道の終点**に着く。ここは広場となっており、十分な駐車スペースがとられている。

広場からしばらくコンクリート敷きのなだらかな道を行くが、山腹の登りになると、角ばった石がつまる山道に変わる。照葉樹の中にまばらにスギが混じる森の中をジグザグに登って**稜線**に上がる。稜線の木陰に古い石仏が立ち、刻字が延命《えんめい》地蔵と読める。

稜線を左に進むと、切り開かれた明るい**頭岳**の頂上に出る。足元にのどかな新合集落のたたずまいが見える。眺望はすばらしく、左手には天草上島《かみしま》の龍《りゅう》ヶ《が》岳《たけ》や倉岳《くらたけ》、正面は獅子《しし》島や長《なが》島が浮かぶ不知火《しらぬい》海、右手は牛深《うしぶか》方面に横長い六郎《ろくろう》次山《じやま》と尖った権現山《ごんげんやま》などの描くパノラマが展開する。

帰りは**稜線**の分岐から**小頭岳**を往復し、往路を引き返す。

莕薩の祠が建っている頭岳の頂上。新合集落側が開かれている

頭岳頂上から遠くに平たい六郎次山（左）と尖った権現山（右）を望む

50 権現山
ごんげんやま
402m

柑橘畑と照葉樹林を経て漁民の信仰の伺える頂に立つ

日帰り

歩行時間＝2時間30分
歩行距離＝7・4km

技術度
体力度

コース定数	＝13
標高差	＝385m
累積標高差	↗ 555m ↘ 555m

登山口付近からから権現山を仰ぐ。麓には無量寺が建つ

天草市久玉町内之原方面から望む権現山。頂上部の三角が目立って見える

旧牛深《うしぶか》市（現天草《あまくさ》市）にあり、南に久玉浦《くたまうら》を擁する権現山は、『肥後国誌拾遺《ひごのくにしじゅうい》』にも「久玉嶽《だけ》　大山也、嶮《けん》ヲ攀《よ》ヂ岩ヲ傳《つた》ヒ山上ニ久玉権現堂アリ」と記されている。第三紀の堆積岩層から溶岩が噴出し、頂上一帯50～100メートルほどが火成岩の帽子をかぶる独特の構造で、遠くから見ても、頂上部のピラミッドですぐに権現山とわかる。山上には北向きに魚貫《おにき》権現社、南には久玉権現があり、各集落の漁民の海上守護の願いを伝えている。また、麓の天草市久玉町には天草の乱のあと民心を鎮めるために建てられた無量寺《むりょうじ》があり、信仰とつながりの深い山である。

無量寺バス停から見上げると、照葉樹林に覆われた権現山が間近に迫っている。バス停から本渡《ほんど》の方へ200メートル行くと、左に権現山公園を示す道標がある。頂上直下の駐車場まで舗装された、車道歩きの登山である。車道の通る里山らしく、堆肥の材料にシイやカシの落葉を集めに来たおじさんや、早春にはツワやヨモギの若葉を摘む奥さんなどに出会う。麓近くには甘夏やパール柑

■鉄道・バス
往路・復路＝桜町バスターミナル（熊本市電辛島町電停から徒歩2分）から産交バスあまくさ号で本渡バスセンターへ、同バスに乗り換え無量寺へ。

■マイカー
九州道御船ICから国道445号、県道50号を通り、国道3号の宇土市新松原町交差点で天草街道に入る。本渡市街から国道266号を天草市久玉町の無量寺へ向かう。道路脇に駐車スペースを探す。所要約3時間。

■登山適期
通年可能だが、夏は暑気に注意。

■アドバイス
▽牛深ハイヤ節は、江戸後期に生まれたハイヤ系民謡のルーツである。船乗りたちが港々に広めて北は北海道まで伝わり、各地でアレンジして歌われている。ハイヤは歌詞の出だしの南風（ハイの風）が転じたものといわれる。祭りは4月第3週の週末3日間行われ、町中が熱気に包まれる。
▽無量寺山門から国道266号を横切って坂道を下ると、アーチ式石橋がある。享保年間の建造とされ、欄干の宝珠は格式の高いことを示している。

■問合せ先
天草市牛深支所☎0969・73・2111、産交バス☎0969・22・

頂上直下の展望台からは久玉の町並みが見渡せる。久玉浦の彼方に東シナ海が広がっている

などの晩柑畑が点在している。

高度が上がっていくとしだいに背の高い照葉樹の森へと変わり、その中を大小のカーブを折り返しながら登っていく。短い急なカーブが連続したあと広いなだらかな尾根に上がると、魚貫から上がってきた車道が左から合流する（**魚貫出合**）。桜並木を登っていくと、左下方に魚貫の漁村が見え隠れする。車道終点の駐車場の正面には、自然石を積み上げた階段の先に魚貫権現社が建っている。

権現社を左に見送って進むとコンクリートづくりの展望台があり、台に上がると久玉浦とそれを取り囲む久玉町の家並みが箱庭のように見えている。

展望を楽しんだら頂上部の遊歩道を一周しよう。展望台の反対側に入口がある。木立の中を登っていくと、展望のない小さい広場に**権現山**の山頂標識と三角点標柱が立っている。

歩道を東へ進み急な階段を下ると、こちらには久玉権現が祀られている。平坦になった遊歩道を行き、夫婦椎《めおとしい》をすぎれば展望台へと戻ってくる。

帰りは往路を引き返す。

5238

■2万5000分ノ1地形図
牛深

CHECK POINT

無量寺バス停から登山口へは国道266号を本渡方面に行く

権現山公園の道標から作業道に入る。舗装道が頂上直下まで続く

魚貫から上がってきた道と出合う。頂上へは交差点を右折する

桜並木を緩やかに登ると、木立の切れ間から魚貫の家並みが見え隠れする

駐車場の上に魚貫権現社が建っている

灌木に囲まれて展望のない広場に、権現山の山頂標識が立てられている

●著者紹介

吉川 渡（よしかわ・わたる）

1948年熊本県生まれ。熊本市在住。八代ドッペル登高会所属。大学時代、帰省中に兄（満氏・前分県登山ガイド『熊本県の山』著者）に誘われ早春の阿蘇高岳に登って以来、山とのつきあいが続く。社会人となりドッペル登高会に入会。若い時の山行は同会が取り組んだ九州の谷の遡行が多く、祖母山系や屋久島などへ通う。沢のオフシーズンには北アルプスなどへ足をのばす。印象に残る遡行は、頸城不動川（新潟県）と雪岳山千仏洞渓谷（韓国）。中年になり私的な時間が限られた時期には山行回数が減ったが、隠居の身となった今は、地形図片手に近隣のやぶ山に分け入るのを楽しみとし、時おり、国内の著名な山を訪ねている。

共著に『九州百名山地図帳』、ヤマケイ アルペンガイド⑬『九州の山』（いずれも山と溪谷社）。寄稿に『日本百名谷』（白山書房）、日本登山体系⑩『九州の山』（白水社）などがある。

分県登山ガイド42

熊本県の山

2018年2月1日 初版第1刷発行
2024年2月10日 初版第2刷発行

著　者 ―― 吉川 渡
発行人 ―― 川崎深雪
発行所 ―― 株式会社 山と溪谷社
〒101-0051
東京都千代田区神田神保町1丁目105番地
https://www.yamakei.co.jp/

■乱丁・落丁、及び内容に関するお問合せ先
山と溪谷社自動応答サービス　TEL03-6744-1900
受付時間／ 11:00 ~ 16:00（土日、祝日を除く）
メールもご利用ください。
【乱丁・落丁】service@yamakei.co.jp
【内容】info@yamakei.co.jp

■書店・取次様からのご注文先
山と溪谷社受注センター
TEL048-458-3455　FAX048-421-0513

■書店・取次様からのご注文以外のお問合せ先
eigyo@yamakei.co.jp

印刷所 ―― 大日本印刷株式会社
製本所 ―― 株式会社明光社

ISBN978-4-635-02072-5

●乱丁、落丁などの不良品は送料小社負担でお取り替えいたします。
●定価はカバーに表示してあります。

●編集
吉田祐介
●ブック・カバーデザイン
I.D.G.
● DTP
株式会社 千秋社（竹入寛章）
● MAP
株式会社 千秋社（細井智喜）

■本書に掲載した地図は、国土地理院長の承認を得て、同院発行の数値地図（国土基本情報）電子国土基本図（地図情報）、数値地図（国土基本情報）電子国土基本図（地名情報）、数値地図（国土基本情報）基盤地図情報（数値標高モデル）及び数値地図（国土基本情報20万）を使用したものです。（承認番号 平29情使、第764号）
■各紹介コースの「コース定数」および「体力度のランク」については、鹿屋体育大学教授・山本正嘉さんの指導とアドバイスに基づいて算出したものです。
■本書に掲載した歩行距離、累積標高差の計算には、DAN杉本さん作製の「カシミール3D」を利用させていただきました。